安高団兵衛の記録簿

《「時間」と競争したある農民の一生》

時里奉明

Tokisato Noriaki

弦書房

〔カバー・表〕
野菜の出荷のため、リヤカーを引き八幡市の市場へ向かう安高団兵衛
（一九三三年十月十五日撮影、安高家所蔵）
〔カバー・裏〕
『晴曇雨雪統計表』表紙
〔カバー・折り返し〕
『晴曇雨雪統計表』
〔表紙〕
『就寝時間累年統計表』
〔本扉〕
乗馬姿の安高団兵衛。徴兵検査に合格し、伍長勤務上等兵にまで昇進した
（一九一九年十月二十六日撮影、安高家所蔵）

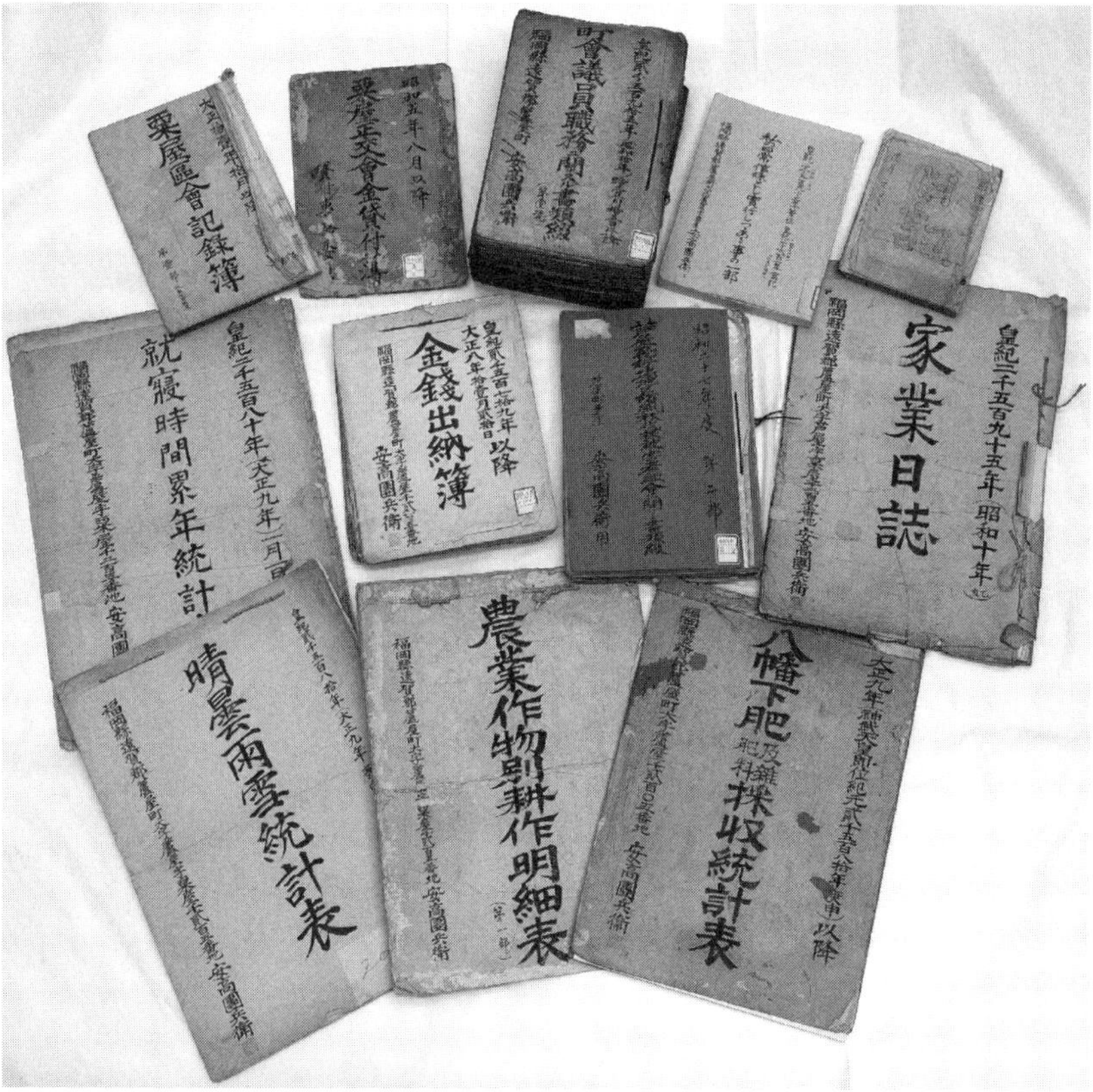

安高団兵衛が作成した記録（そのほんの一部）

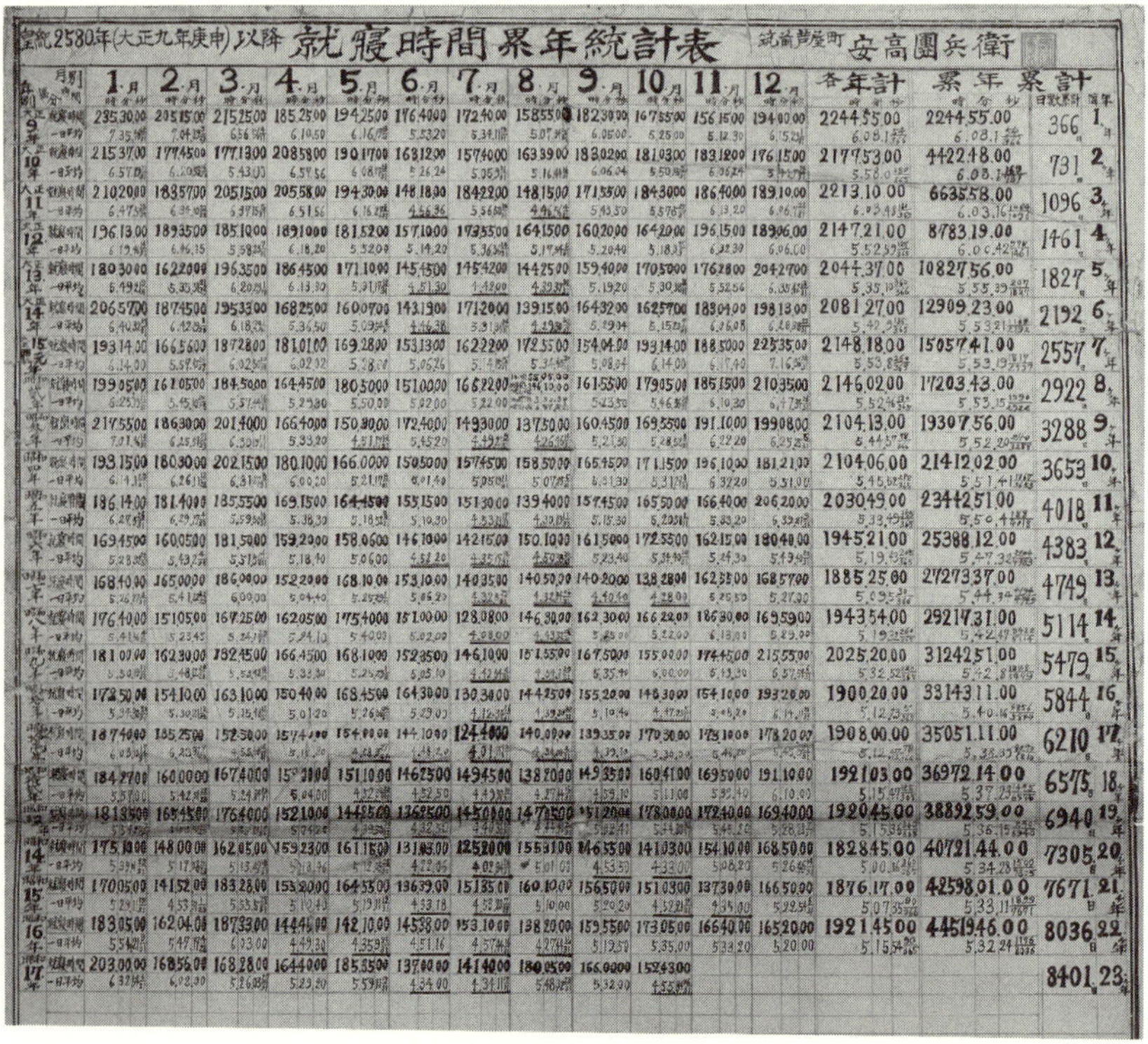

皇紀2580年(大正九年庚申)以降 就寝時間累年統計表 筑前芦屋町 安高團兵衛

年別	区分	1月 時分秒	2月 時分秒	3月 時分秒	4月 時分秒	5月 時分秒	6月 時分秒	7月 時分秒	8月 時分秒	9月 時分秒	10月 時分秒	11月 時分秒	12月 時分秒	各年計 時分秒	累年累計 時分秒	日数累計	満年
大正9年	就寝時間	235.30.00	205.15.00	215.25.00	185.25.00	194.25.00	176.40.00	172.40.00	158.55.00	182.30.00	167.55.00	156.15.00	194.00.00	2244.55.00	2244.55.00	366日	1年
	一日平均	7.35	7.04	6.56	6.10.50	6.16	5.53.20	5.34.11	5.07	6.05.00	5.25.00	5.12.30	6.15.2	6.08.1	6.08.1		
大正10年	就寝時間	215.37.00	177.45.00	177.13.00	208.58.00	190.17.00	163.12.00	157.40.00	163.39.00	183.02.00	181.03.00	183.12.00	176.15.00	2177.53.00	4422.48.00	731日	2年
	一日平均	6.57.0	6.20	5.43.03	6.57.56	6.08	5.26.24	5.05	5.16	6.06.04	5.50	6.06.24	5.4	5.58.0	6.03.1		
大正11年	就寝時間	210.20.00	188.57.00	205.15.00	205.58.00	194.30.00	148.18.00	184.22.00	148.15.00	171.55.00	184.30.00	186.40.00	189.10.00	2213.10.00	6635.58.00	1096日	3年
	一日平均	6.47	6.35	6.37	6.51.56	6.16.2	4.56.36	5.56	4.46.5	5.43.50	5.57	6.13.20	6.06	6.03.43	6.03.16		
大正12年	就寝時間	196.13.00	189.35.00	185.10.00	189.10.00	181.52.00	157.10.00	173.55.00	164.15.00	160.20.00	164.20.00	196.15.00	189.06.00	2147.21.00	8783.19.00	1461日	4年
	一日平均	6.19	6.46.15	5.58	6.18.20	5.52.00	5.14.20	5.36	5.17	5.20.40	5.18.3	6.32.30	6.06.00	5.52.57	6.00.42		
大正13年	就寝時間	180.30.00	162.20.00	196.35.00	186.45.00	171.10.00	145.45.00	145.42.00	144.25.00	159.40.00	170.50.00	176.28.00	204.27.00	2044.37.00	10827.56.00	1827日	5年
	一日平均	5.49.2	5.35	6.20	6.13.30	5.31	4.51.30	4.42.00	4.39.3	5.19.20	5.30	5.52.56	6.35.4	5.35.10	5.55.39		
大正14年	就寝時間	206.57.00	187.45.00	195.33.00	168.25.00	160.07.00	143.19.00	171.20.00	139.15.00	164.32.00	162.57.00	183.04.00	198.13.00	2081.27.00	12909.23.00	2192日	6年
	一日平均	6.40.3	6.42	6.18	5.36.50	5.09	4.46.38	5.31	4.29	5.29.04	5.15.2	6.26.08	6.28.3	5.42.5	5.53.21		
大正15年 昭和元年	就寝時間	193.14.00	166.56.00	187.28.00	181.01.00	169.28.00	153.13.00	162.22.00	172.55.00	154.04.00	193.14.00	188.50.00	225.35.00	2148.18.00	15057.41.00	2557日	7年
	一日平均	6.14.00	5.57	6.02	6.02.32	5.28	5.06.26	5.1	5.34	5.08.0	6.14.00	6.17.40	7.16	5.53.8	5.53.19		
昭和2年	就寝時間	199.05.00	161.05.00	184.50.00	164.45.00	180.50.00	151.00.00	166.22.00	[illegible]	161.55.00	179.05.00	185.15.00	210.35.00	2146.02.00	17203.43.00	2922日	8年
	一日平均	6.25	5.45	5.57	5.29.30	5.50.00	5.02.00	5.22.00	[illegible]	5.23.50	5.46	6.10.30	6.47	5.52.4	5.53.15		
昭和3年	就寝時間	217.55.00	186.30.00	201.40.00	166.40.00	150.30.00	172.40.00	149.30.00	137.50.00	160.45.00	169.55.00	191.10.00	199.08.00	2104.13.00	19307.56.00	3288日	9年
	一日平均	7.01	6.25	6.30	5.33.20	4.51	5.45.20	4.49	4.26	5.21.30	5.28.5	6.22.20	6.25	5.44.57	5.52.20		
昭和4年	就寝時間	193.15.00	180.30.00	202.15.00	180.10.00	166.00.00	150.50.00	157.45.00	158.50.00	165.45.00	171.15.00	196.10.00	181.21.00	2104.06.00	21412.02.00	3653日	10年
	一日平均	6.14.1	6.26.1	6.31	6.00.20	5.21	5.01.40	5.05	5.07	5.31.30	5.31	6.32.20	5.51.00	5.45.6	5.51.41		
昭和5年	就寝時間	186.14.00	181.40.00	185.55.00	169.15.00	164.45.00	155.15.00	151.30.00	139.40.00	157.45.00	165.50.00	166.40.00	206.20.00	2030.49.00	23442.51.00	4018日	11年
	一日平均	6.24	6.29	5.59	5.38.30	5.18	5.10.30	4.53	4.30	5.15.30	5.20	5.33.20	6.39	5.33.49	5.50.4		
昭和6年	就寝時間	169.45.00	160.05.00	181.50.00	159.20.00	158.06.00	146.10.00	142.15.00	150.10.00	161.50.00	172.55.00	162.15.00	180.40.00	1945.21.00	25388.12.00	4383日	12年
	一日平均	5.28.3	5.43	5.51	5.18.40	5.06.00	4.52.20	4.35	4.50	5.23.40	5.34	5.24.30	5.49	5.19.4	5.47.32		
昭和7年	就寝時間	168.40.00	165.00.00	186.00.00	152.20.00	168.10.00	153.10.00	140.35.00	140.50.00	140.20.00	138.28.00	162.35.00	168.57.00	1885.25.00	27273.37.00	4749日	13年
	一日平均	5.26	5.41	6.00.00	5.04.40	5.25	5.06.20	4.32	4.32	4.40.40	4.28.00	5.25.50	5.27.00	5.09.5	5.44.34		
昭和8年	就寝時間	176.40.00	151.05.00	167.25.00	162.05.00	175.40.00	151.00.00	128.08.00	146.30.00	162.30.00	166.22.00	186.30.00	169.59.00	1943.54.00	29217.31.00	5114日	14年
	一日平均	5.41	5.23.45	5.24	5.24.10	5.40.00	5.02.00	4.08.00	4.43	5.25.00	5.22.00	6.13.00	5.29.00	5.19	5.42.47		
昭和9年	就寝時間	181.07.00	162.30.00	182.45.00	166.45.00	168.10.00	152.35.00	146.10.00	151.55.00	167.50.00	155.00.00	174.45.00	215.55.00	2025.20.00	31242.51.00	5479日	15年
	一日平均	5.50	5.48	5.53	5.33.30	5.25	5.05.10	4.42	4.54	5.35.40	5.00.00	5.13.30	6.57	5.32.52	5.42.8		
昭和10年	就寝時間	172.50.00	154.10.00	163.10.00	150.40.00	168.45.00	164.30.00	130.30.00	144.25.00	155.20.00	148.30.00	154.10.00	193.20.00	1900.20.00	33143.11.00	5844日	16年
	一日平均	5.34	5.30	5.15	5.01.20	5.26	5.29.00	4.12	4.39	5.10.40	4.47	5.45.20	6.14	5.12.23	5.40.16		
昭和11年	就寝時間	187.40.00	185.25.00	152.50.00	157.41.00	154.00.00	144.10.00	124.40.00	140.09.00	139.35.00	170.30.00	173.10.00	178.20.07	1908.00.00	35051.11.00	6210日	17年
	一日平均	6.03	6.23	4.55	5.18.20	4.48	4.48.20	4.01	4.34	4.39.1	5.30.20	5.46.20	5.45	5.12	5.38.33		
昭和12年	就寝時間	184.27.00	160.00.00	167.40.00	[illegible]	151.10.00	146.25.00	149.45.00	138.20.00	149.35.00	160.41.00	169.50.00	191.10.00	1921.03.00	36972.14.00	6575日	18年
	一日平均	5.57.00	5.42	5.24	5.04.00	4.52	4.52.50	4.49	4.27	4.59.10	5.11.00	5.39.40	6.10.00	5.15.47	5.37.23		
昭和13年	就寝時間	181.35.00	165.45.00	176.40.00	152.10.00	144.25.00	136.25.00	145.00.00	147.15.00	151.20.00	178.00.00	172.40.00	169.40.00	1920.45.00	38892.59.00	6940日	19年
	一日平均	[illegible]	[illegible]	[illegible]	5.14.20	[illegible]	4.32.50	[illegible]	[illegible]	[illegible]	[illegible]	5.45.20	5.28.3	5.15.38	5.36.15		
昭和14年	就寝時間	175.10.00	148.00.00	162.05.00	159.23.00	161.16.00	131.03.00	125.20.00	155.31.00	146.55.00	141.03.00	154.10.00	168.50.00	1828.45.00	40721.44.00	7305日	20年
	一日平均	5.39	5.17	5.13	5.18.46	5.12	4.22.06	4.02	5.01.01	4.53.50	4.33.00	5.08.20	5.26	5.00.16	5.34.28		
昭和15年	就寝時間	170.05.00	141.52.00	183.28.00	153.20.00	164.55.00	136.39.00	151.35.00	160.10.00	156.50.00	151.03.00	137.30.00	166.50.00	1876.17.00	42598.01.00	7671日	21年
	一日平均	5.29.1	4.53	5.55	5.10.40	5.19	4.33.18	4.53	5.10.00	5.20.20	4.52	4.35.00	5.22.5	5.07.35	5.33.11		
昭和16年	就寝時間	183.05.00	162.04.00	187.33.00	144.45.00	142.10.00	145.38.00	153.10.00	138.20.00	159.55.00	173.05.00	166.40.00	165.20.00	1921.45.00	44519.46.00	8036日	22年
	一日平均	5.54	5.47	6.03.00	4.49.30	4.35	4.51.16	4.57	4.27	5.19.50	5.35.00	5.33.20	5.20.00	5.15.54	5.32.24		
昭和17年	就寝時間	203.00.00	168.56.00	168.28.00	164.40.00	185.55.00	137.00.00	141.40.00	180.05.00	166.00.00	152.43.00					8401日	23年
	一日平均	6.32	6.02.20	5.26.08	5.29.20	5.59	4.34.00	4.34.1	5.48	5.32.00	4.55						

『就寝時間累年統計表』

1920（大正9）年1月から1942（昭和17）年10月まで（22年10カ月間）

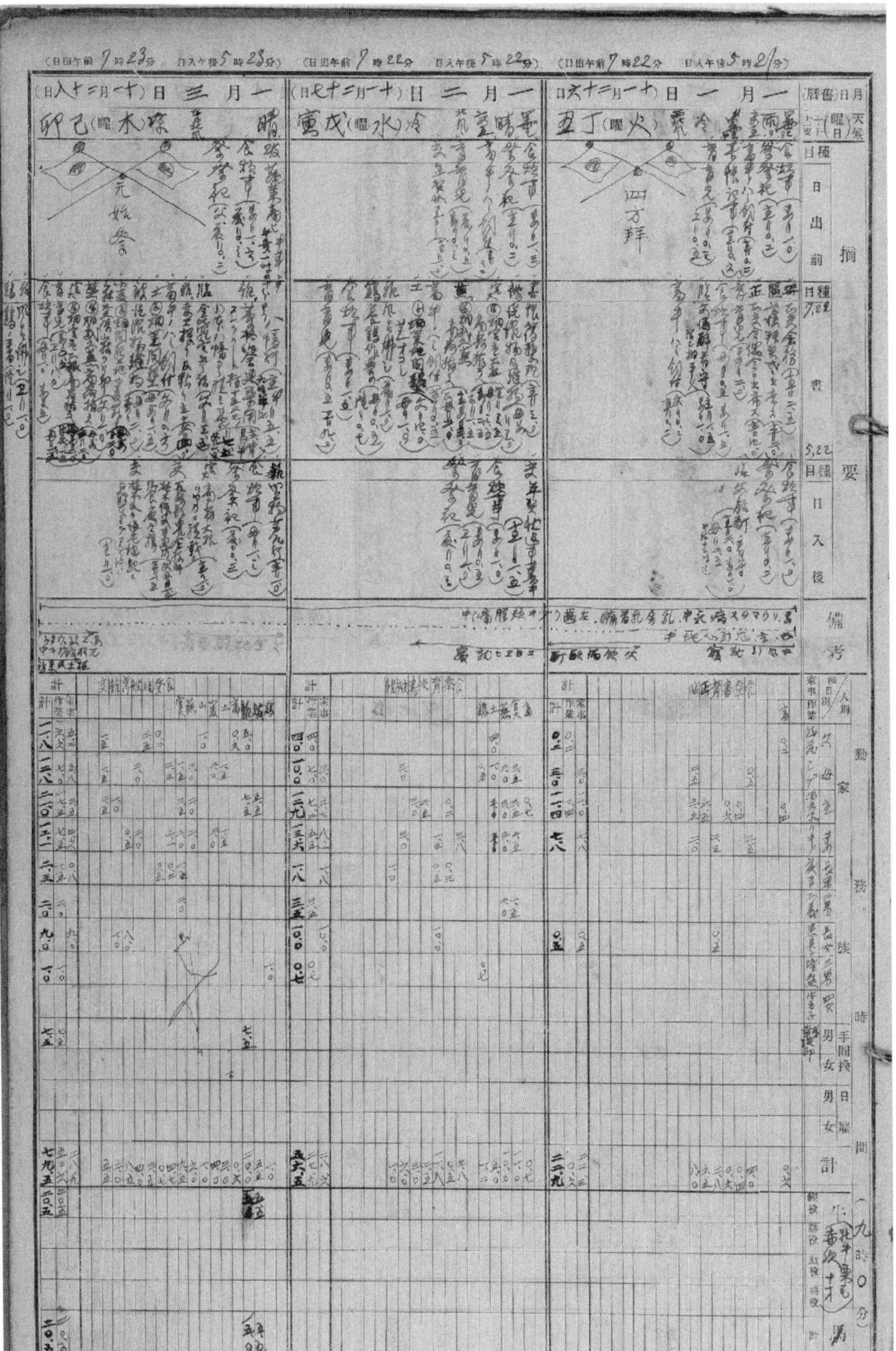

『家業日誌』
1935（昭和10）年1月1日から1月3日まで（3日間）

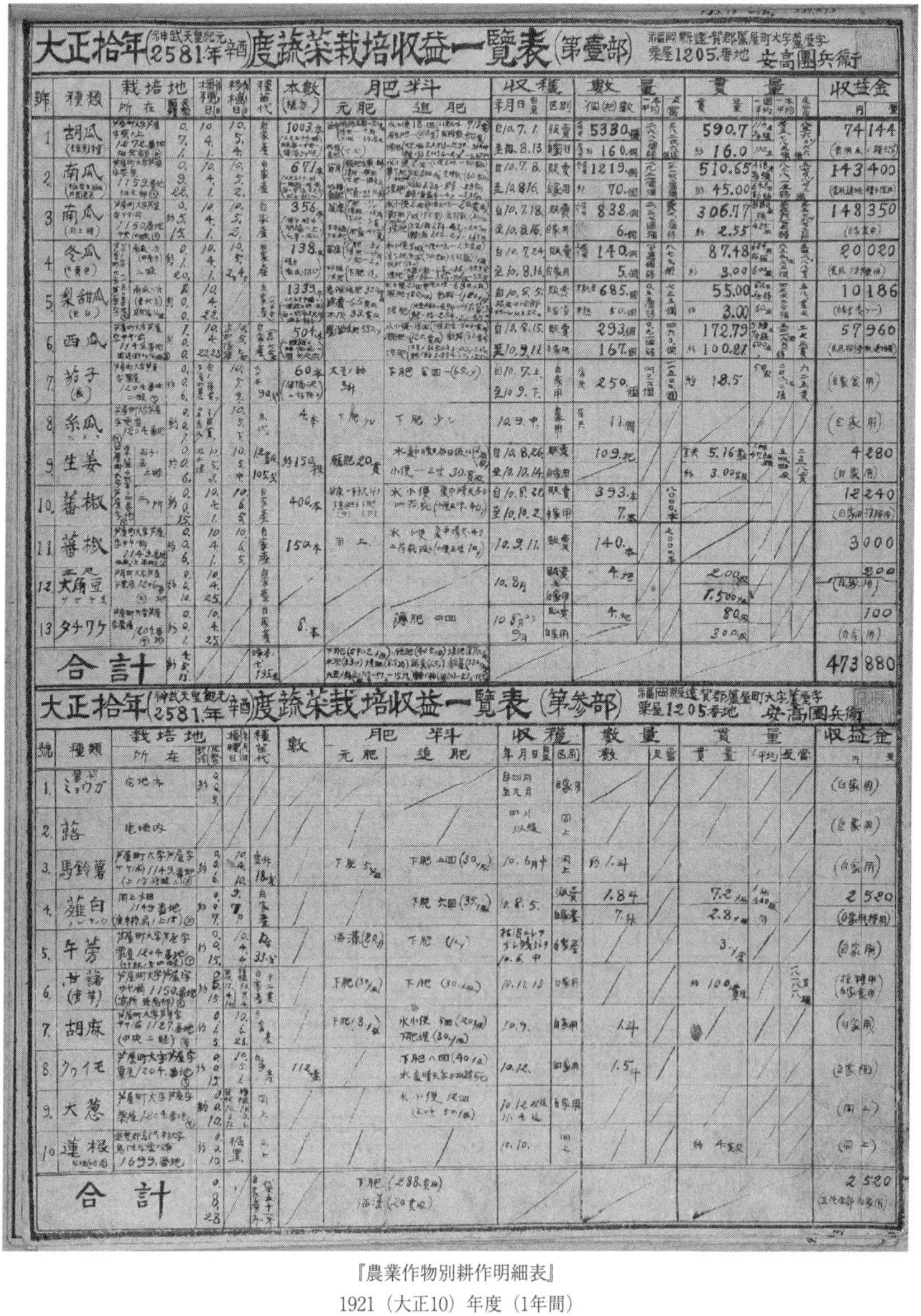

大正拾年（神武天皇紀元2581年辛酉）度蔬菜栽培収益一覧表（第壹部）

福岡県遠賀郡蘆屋町大字蘆屋字粟屋1205番地　安高團兵衛

番号	種類	収穫年月日	区別	数量	貫量	収益金
1	胡瓜	自10.7.1 至10.8.13	販売 / 自家用	5330個 / 160個	590.7 / 16.0	74円144
2	南瓜	自10.7.8 至10.8.16	販売 / 自家用	1219個 / 70個	510.65 / 45.00	143円400
3	南瓜	自10.7.18 至10.8.16	販売 / 自家用	838個 / 6個	306.77 / 2.55	148円350
4	冬瓜	自10.7.24 至10.8.16	販売 / 自家用	140個 / 5個	87.48 / 3.00	20円020
5	梨甜瓜	自10.8.5	販売 / 自家用	685個 / 50個	55.00 / 3.00	10円186
6	西瓜	自10.8.15 至10.9.11	販売 / 自家用	293個 / 167個	172.79 / 100.21	57円960
7	茄子	自10.7.上 至10.9.下	自家用	250個	約18.5	（自家用）
8	糸瓜	10.9.中	自家用	11個		（自家用）
9	生姜	自10.8.26 至10.10.14	販売 / 自家用	109把	5.16 / 3.00	4円280（自家用）
10	蕃椒	自10.8.20 至10.10.2	販売 / 自家用	393本 / 7本		12円240
11	蕃椒	10.9.11	販売	140本		3円000
12	大角豆	10.8月	販売 / 自家用	4把	200 / 1,500	200（自家用）
13	タチワケ	10.8月 9月	販売 / 自家用	4把	80 / 300	100（自家用）
合計						473円880

大正拾年（神武天皇紀元2581年辛酉）度蔬菜栽培収益一覧表（第参部）

福岡県遠賀郡蘆屋町大字蘆屋字粟屋1205番地　安高團兵衛

番号	種類	収穫年月日	区別	数量	貫量	収益金
1	ミョウガ	自四月 至九月	自家用			（自家用）
2	蕗	四月収穫	同上			（自家用）
3	馬鈴薯	10.6月中	同上	約1斗		（自家用）
4	薤白	10.8.5	販売 / 自家用	1.84 / 7斗	7.2 / 2.8	2円520
5	牛蒡	10.6.中	自家用		3	（自家用）
6	甘藷（唐芋）	10.11.13	自家用		約100	（自家用）
7	胡麻	10.9	自家用	1斗		（自家用）
8	クワイモ	10.12	自家用	1.5斗		（自家用）
9	大葱	10.12	自家用			（同上）
10	蓮根	10.10	同上		約4	（同上）
合計						2円520

『農業作物別耕作明細表』

1921（大正10）年度（1年間）

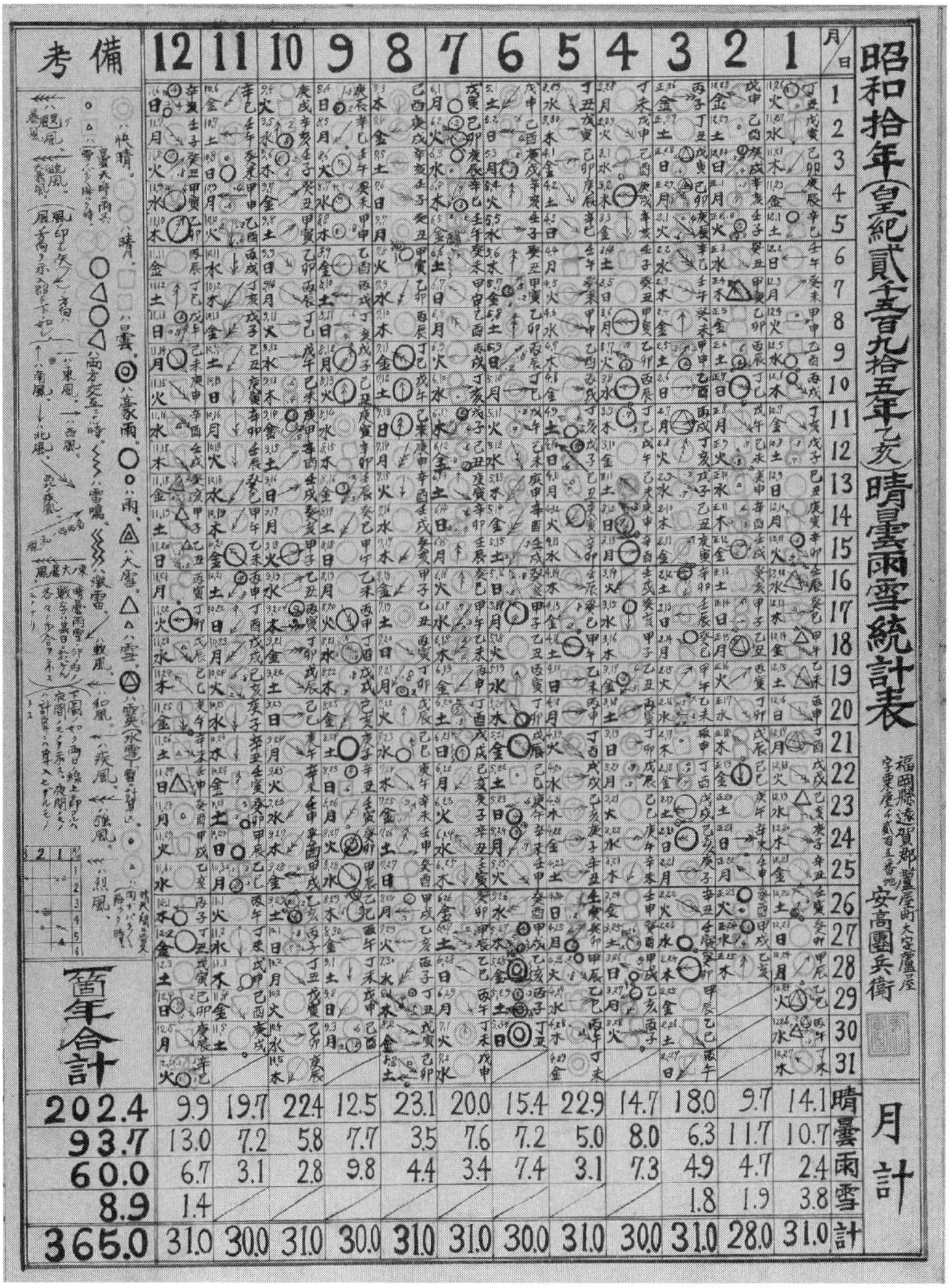

月計	1	2	3	4	5	6	7	8	9	10	11	12	箇年合計
晴	14.1	9.7	18.0	14.7	22.9	15.4	20.0	23.1	12.5	22.4	19.7	9.9	202.4
曇	10.7	11.7	6.3	8.0	5.0	7.2	7.6	3.5	7.7	5.8	7.2	13.0	93.7
雨	2.4	4.7	4.9	7.3	3.1	7.4	3.4	4.4	9.8	2.8	3.1	6.7	60.0
雪	3.8	1.9	1.8									1.4	8.9
計	31.0	28.0	31.0	30.0	31.0	30.0	31.0	31.0	30.0	31.0	30.0	31.0	365.0

『晴曇雨雪統計表』
1935（昭和10）年1月1日から12月31日まで（1年間）

安高団兵衛とリキノ夫婦
1942（昭和17）年9月10日午後5時ごろ、大根蒔きの帰り

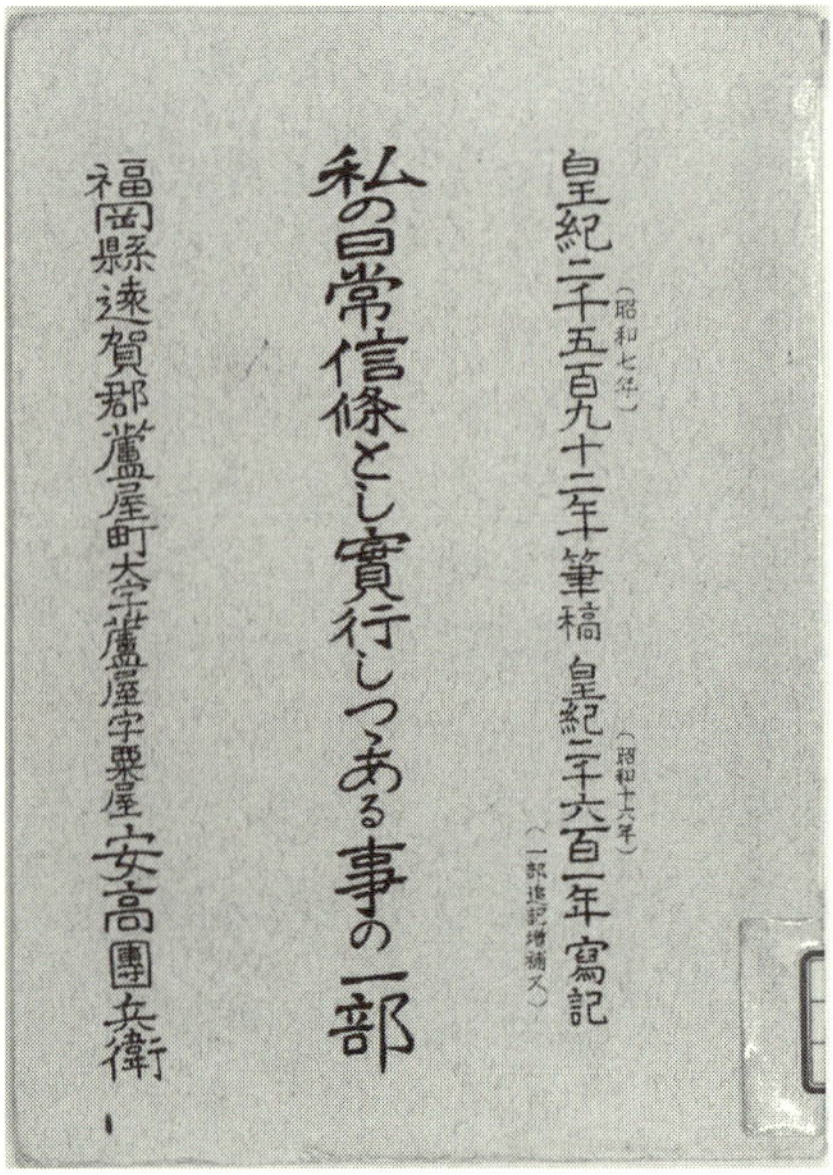

皇紀二千五百九十二年（昭和七年）筆稿 皇紀二千六百一年（昭和十六年）寫記（一部追記増補ス）
私の日常信條とし實行しつゝある事の一部
福岡縣遠賀郡蘆屋町大字蘆屋字粟屋 安高團兵衛

私家版『私の日常信条とし実行しつゝある事の一部』（1967年）

安高団兵衛の記録簿◉目次

はじめに

福岡県芦屋町は九州の北端に位置し、響灘《ひびきなだ》に面したいわば海の町である。響灘の海岸は、夏は海水浴客で賑わうが、冬は北西の風が強く吹きつける。私は晩秋の芦屋町をひとり訪れ、海岸に立ったことがあるが、海から吹く風は冷たく厳しかった。これが真冬だったら、さらに強く感じたであろう。私は福岡県の筑後地方に住んでいるが、少なくとも県内において、かかる寒さ厳しい風を感じたことがなかったので、強く印象に残っている。

その芦屋町の南方、遠賀《おんが》町に近い粟屋《あわや》という地に安高《あたか》家がある。安高家はこの粟屋の人々がそうであったように、代々野菜栽培を中心に農業を営んできた。現在安高家は吉明氏と澄夫氏の兄弟により、露地野菜を栽培している。兄の吉明氏は、つい最近農業経営の実権を娘婿に譲っているが、今でも元気に農作業を行っている。およそ四町（約四ヘクタール）の土地に、赤しそ、人参、ホウレンソウ、小松菜、水菜、キャベツを栽培するとともに、米を作っている。とりわけ、赤しそは「あたかの赤しそ」として、福岡市や北九州市の卸売市場で長年高い評価を得ているようだ。弟の澄夫氏の土地は二町二反で、米は作っていないが、ほぼ同じ野菜を栽培している。安高家が栽培する野菜の種類はその時々で変わっているが、野菜の栽培そのものは変わることなく今日まで続いている。

この兄弟の祖父に当たる人物が、本書で取り上げる「安高團兵衛」（以下、安高団兵衛と表記）である。団兵衛は安高家の長男として生まれ、家業の農業に従事し、生涯を粟屋で過ごした。篤農家として知られるが、地域のさまざまな団体や組織の役員を務め、社会的な活動にも熱心だった。

芦屋町が編集刊行した『芦屋町誌』（一九七二年、一九九一年に増補改訂）に、「郷土の人物」という項目がある。江戸時代以降の芦屋において、郷土の発展や文化の振興に功績のあった先人として、十三人の人物が紹介されている。団兵衛はそのうちの一人に挙げられている。団兵衛はいわゆる郷土の功労者として、その名を残していた。

さて、団兵衛が亡くなったあと、膨大な量の史料類が残された。それらは団兵衛の生涯にわたり、本人が作成したもの及び収集したものがほとんどであった。安高文書と名付けられたこれら史料群を整理したところ、総数一万二〇〇〇点に達している。安高文書の大半は団兵衛関係なので、一個人としては相当な規模と言ってよい。団兵衛の死から半世紀になろうとしているが、どのようにして継承されたのだろうか。

安高家は団兵衛の死後間もなく、旧居の近くに新居を建てて、引っ越している。その時、住居のすぐ側に専用の作業場を設けた。作業場は道具や機械を収納したり、農作物を保存するなどのため、大きく頑丈に建てられている。安高文書はその作業場の二階に保存されることになったのである。

故人の遺品をどうするか、遺族にとって悩みの種になるのをしばしば耳にする。身近な人であればあるほど、取り扱いも難しい。そうした遺品を処分するきっかけになるのが、代替わりや引っ越しである。私もそうしたケースを何度となく見聞してきた。安高家も他家と同じく代替わりを行い、引っ越しをしながら、安高文書を処分することなく、長年保存してきたのである。また私は家族の方から団兵衛さんの大事なものだからと話すのを聞いたことがある。ともかく、安高文書を大切に保管していただいたことに敬意を表したい。

これほど多量な史料は、どのようにして作られたのだろうか。団兵衛はまず他に例を見ない〈記録魔〉であった。団兵衛の『日記』は、十一歳（数えでは十三歳）から始まっている。団兵衛によると、『金銭出納帳』はこれより早いという。どちらにしても、幼い頃から記録していることになるだろう。驚くことに、両者は団兵衛が亡くなるまで、ほぼ途切れることなく六十年近く続いている。

さらに団兵衛は団体の役員になると、必ずといってよいほど書記になり、名簿、金銭出納簿、議事録などの記録を作成している。これに加えて、葉書や手紙などの郵便物、会合の書類、刊行物などもすべて保存し、まとめてファイルにしている。つまり、団体のさまざまなことを記録するとともに、関係する史料を収集し、合わせて保存しているのだ。

こうして団兵衛の記録は、次第に膨れあがっていった。団兵衛が通った後には、記録が残っていくとでも言えそうだ。まさに〈記録魔〉と称するのがふさわしい。その中には、戦前から戦後にかけて、人々の暮らしや地域の出来事を記した貴重な記録も数多く含まれている。ふと気づいてみれば、安高文書は「歴史情報の宝庫」になっているわけである。

本書は団兵衛の私家版『私の日常信条とし実行しつゝある事の一部』を中心として、安高文書を適宜使用しながら、〈記録魔〉団兵衛の実像に迫ってみたいと思う。なお、私家版からの引用は煩雑になるので、出典を記すのは省略している。安高文書を使用する時には、私家版と区別するため、文末に安高文書とのみ記している（参考文献において、本文で使用した安高文書の整理番号を明記しているので、参照していただきたい）。また本文中に引用した史料は原文通りとし、原則として旧漢字は新漢字に改め、適宜句読点を付した。

第一章　〈記録魔〉団兵衛について

団兵衛との出会い

筆者が「あたかだんべえ」の名前を聞いたのは、まだ大学院に在籍していたころである。研究指導の先生から遠賀郡芦屋町で農業を営んでいる安高家を調査したところ、膨大な史料が保存されていたことを、丁寧にそして楽しそうに話していただいた。その時の先生の口ぶりや研究室の雰囲気は、不思議なことによく覚えている。そして、その史料のほとんどは「安高団兵衛」によるもので、とりわけ〈記録魔〉としてのエピソードをいくつか伺ったことを、今でも思い出すことができる。

あとで見聞したことも合わせて、〈記録魔〉団兵衛について少しだけ紹介しておこう。団兵衛の〈記録魔〉ぶりは、何気なく取り上げた史料からも直ちにわかってしまう。たとえば、アルバムの写真には、撮影の年月日と場所、写っている人物の名前、肩書き、年齢などが必ずと言っていいほど記されている。宴席の女中さんもそうだから、その徹底ぶりに驚く。写真は月日が経つと、いつどこで誰が写っているのか、まるでわからなくなってしまう。今となってみると、団兵衛の〈記録魔〉ぶりのおかげで、大変貴重な情報になっているのだ。

団兵衛の記録は、戦前から研究者に注目されており、新聞や雑誌などで紹介されている。また地元の郷土史家にも、安高家が相当の史料を保管していることはよく知られていたようだ。ただあまりに大部な史料群のため、個人や単独で扱うのは難しかったのだろう。

安高家の史料調査は、福岡県地域史研究所（以下、地域史研究所）が実施している。地域史研究所は一九八一（昭和五十六）年、『福岡県史』編纂のため財団法人西日本文化協会に設置された（二〇一一年閉所、九州歴史資料館が史料を受け継ぐ）。地域史研究所は、県史を刊行すると同時に、県内外の史料を調査、収集することも行っていた。そうした方針のもと、地域史研究所は毎年のように、県内の未調査地を取り上げ、史料の調査を実施していた。

そうした活動のなかで、地域史研究所は一九九三（平成五）年に遠賀郡水巻《みずまき》町、同郡芦屋町を調査し、安高家を訪れている。当時の調査報告によると、最初から安高家の調査を予定していたわけではなく、以前団兵衛の記事が新聞に掲載されていたことを思い出して急遽訪れたこと、それにもかかわらず当主の安高藤吉氏（団兵衛の長男）に快く史料を見せていただいたことが記されている。また以前史料を見たことのある郷土史家によると、相当少なくなっているとのことだった。筆者は残念ながら、その場に立ち会ってはいなかった。

その後、安高家の史料群は地域史研究所が預かることになり、当所で史料の整理が始まった。筆者も史料の整理に加わったので、じかに史料を見たり、手にとる機会を得ることができた。整理を進めていくと、団兵衛が自らつくった記録の内容が次第にわかってくる。たとえば、厚紙でつくった表紙に『就寝時間累年統計表』と墨書きした冊子がある。詳しい説明は省略するが、要するに一日何時間寝ているかを毎日欠かさず記録し、十数年にわたって累積したうえで、一日の平均睡眠時間を算出しているのである。団兵衛の睡眠時間は、約五時間四十分であった。

この冊子を見たとき、思わずうなった。筆者はそもそも睡眠時間は適当で、疲れている時は朝一旦起きて、もう一度寝たりする。記録をとろうとすると大変な目にあうだろう。この一冊だけでも衝撃だったが、それはまだ序の口だった。

さらに整理を進めていくと、『就寝時間累年統計表』だけでなく、『日記（日誌）』、『金銭出納簿』、『発送文書綴』、『来文書綴』、『文通交際発信受信月日表』など日常に関わる数種類の記録が残されていた。また団兵衛は農業に従事していたからであろうが、『家業日誌』をはじめ、『農業作物別耕作明細表』、『農業経営大要』、『八幡下肥及雑肥料採取統計表』、『風方向別統計表』、『晴曇雨雪統計表』など農業経営、気候に関する記録も多かった。生活から農業まで、あらゆる活動に及ぶ記録の数々は圧巻であった。

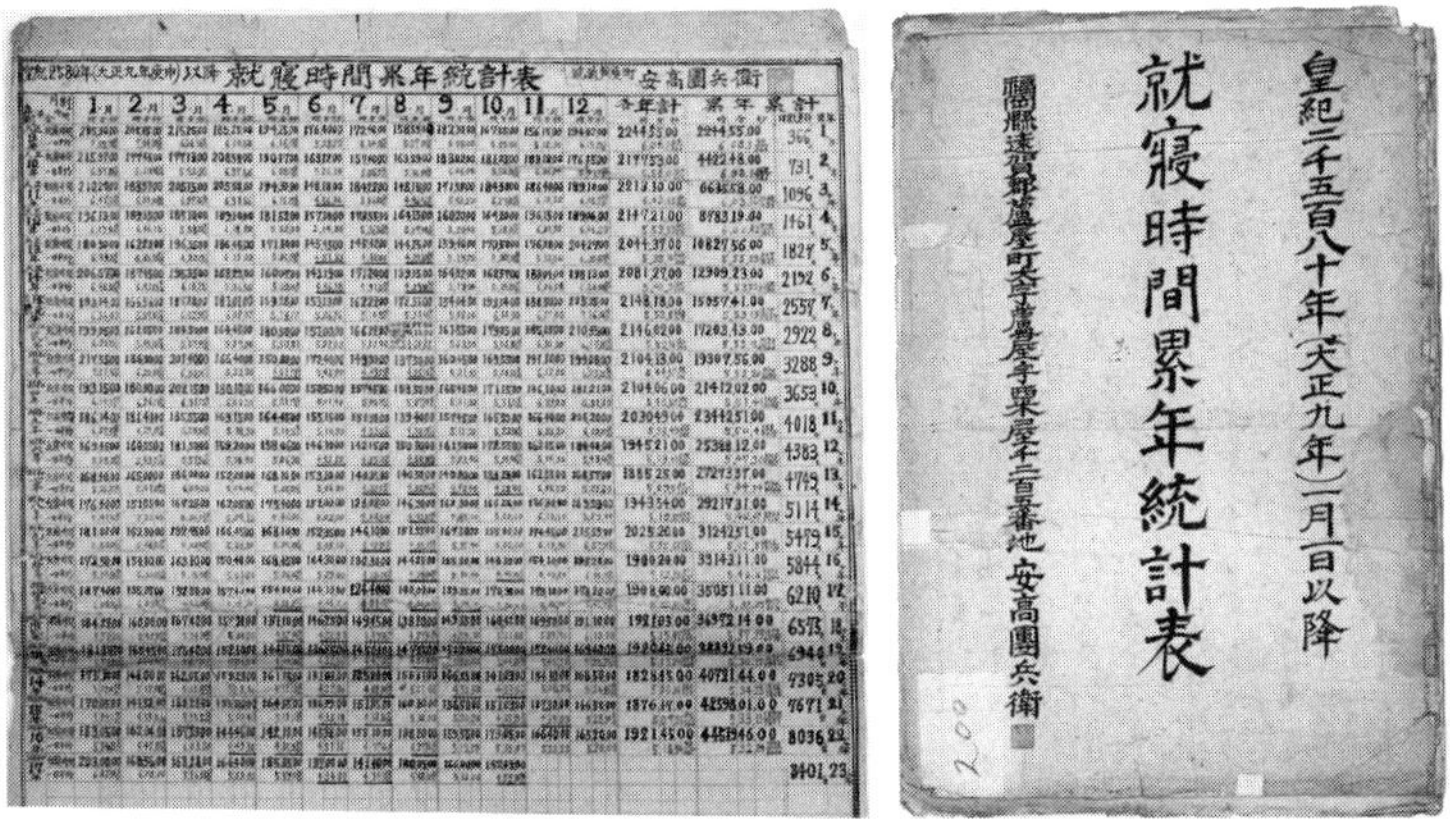

睡眠時間の総数と一日平均を月別、年別に算出している。
右端の欄は、累計を記している

途方に暮れるような文字や数字を見つめながら、膨大な記録を創り出した団兵衛の「人となり」に興味を覚えた。ちょっと見ただけでも、時間と手間をかけて、長期間取り組まなければならないことがわかる。どういういきさつで、このような記録を作ったのだろうかという問いもすぐに浮かんでくる。そして知らず知らずに、いったいどんな人なんだろうかと考えずにはいられない、いや考えさせられる圧倒的な迫力があった。筆者だけでなく、多くの人がそう考えたのは間違いない。折りにふれて、記録を前に団兵衛の「人となり」がよく話題になった。そうはいっても、その場に居合わせた人はさておき、筆者は団兵衛の「人となり」にトライしてみようとはまったく思わなかった。そんな筆者が、どういうわけかこうして団兵衛に向き合っているのも面白い。

安高団兵衛について簡単に紹介しておこう（表1）。団兵衛は、一八九六（明治二十九）年、芦屋町粟屋の農家の長男として生まれた。一九一〇年に芦屋尋常高等小学校を卒業してから、一九六七（昭和四十二）年にこの世を去るまで、家業の農業に従事しつつ、郷土の発展に尽くした人物である。享年七十歳であった。団兵衛は戦前から篤農家としてたびたび表彰され、新聞、雑誌などで広く紹介されていた。また、さまざまな団体や組織に関係して役員を務めており、社会的な活動にも労を惜しまなかった。いわゆる郷土の名士と言っていいだろう。

安高文書とは？

安高文書は、一万二〇〇〇点を超える史料群である。当初より相当少なくなっている、何分の一かに減っているという証言は、先の通りである。もしそのまま残っていたら、どのくらいになっていただろう。

安高家のご家族にそのことについてお尋ねしたところ、次のような回答をいただいた。団兵衛夫婦は一九六〇（昭和三十五）年ごろから、旧住宅の「離れ」に住むようになったが、そこに文書の大半を置いていた。一九七〇年の春、少し離れたところに住宅を新築して引っ越した時に、文書も一緒に移動している。団兵衛は三年前に亡くなっていた。さらに住み込みで働いていた従業員が少なくなったので、作業場の二階に文書を移した。そのあと、

1896（明治29）年	3月	0歳	安高家の長男として生まれる
1906（明治39）年	3月	10歳	芦屋尋常小学校（4ヵ年）卒業
1910（明治43）年	4月	14歳	芦屋尋常高等小学校高等科（4ヵ年）卒業。以後、農業に従事
1916（大正5）年	12月	20歳	小倉北方輜重兵第12大隊第1中隊入隊
1919（大正8）年	11月	23歳	陸軍現役除隊（退営）。善行証書及び下士適任証書授与。以後、農業に従事
1920（大正9）年	2月	23歳	結婚
1929（昭和4）年	1月	32歳	粟屋区区長代理に当選する
1931（昭和6）年	3月	35歳	帝国在郷軍人会芦屋町分会副会長に就任する（6ヵ年、兵役任期満了まで）
1934（昭和9）年	10月	38歳	粟屋区長に当選する
1935（昭和10）年	11月	39歳	芦屋町会議員に当選する（4ヵ年）。以後、立候補せず
1939（昭和14）年	2月	42歳	県社神武天皇社奉賛会を発起、理事に就任する
1941（昭和16）年	2月	44歳	粟屋部落会長に就任する
	4月	45歳	芦屋町警防団本部付分団長に就任する
1942（昭和17）年	5月	46歳	芦屋町先賢顕彰会を発起、常任委員に就任する
	11月	46歳	農林大臣より食糧増産功労者として表彰される
1943（昭和18）年	1月	46歳	高松宮より地方振興功労で表彰される
1945（昭和20）年	2月	48歳	農商大臣より勤労顕功章を授与される
	6月	49歳	国民義勇隊副隊長・国民義勇隊戦闘隊隊長に就任する
1952（昭和27）年	7月	56歳	芦屋飛行場地区防風林伐採被害者組合の実行理事兼書記に就任する。以後、防風林伐採被害補償、酪農爆音被害補償について活動する。また翌年から粟屋排水路の建設を進める
1958（昭和33）年	1月	61歳	粟屋町水茎和歌会世話人に就任する
1959（昭和34）年	4月	63歳	粟屋排水路完成、のちに記念碑を建てる（1967年2月）
	9月	63歳	芦屋飛行場地区酪農被害者組合副組合長に就任する
1967（昭和42）年	3月	70歳	死去（享年70）

表1　安高団兵衛略年譜（出典：私家版、安高文書より作成。歳は満年齢）

どなたか文書の調査に訪れたことがあり、その時に整理されたのではないかということだった。誰がどういう目的で調査に来たのか、記憶にないという。

安高文書の中心は、団兵衛自身によって作成されたもの、及びそれにともなって収集保存したものである。ほかにも葉書、手紙、書類、雑誌、書籍など多様なものを含んでいる。なかには、団兵衛が趣味にしていたカメラの部品なども入っている。つまり、安高文書のほとんどは、団兵衛に関する史料の数々で成り立っているが、なかには遺品と呼べるものも紛れていたりする。安高文書は団兵衛の「人となり」を理解するうえで、重要な情報を内蔵しているわけである。本書は安高文書のなかで、団兵衛自身によって作成されたもの（タイトルに「簿」や「表」の文字を含んでいることが多い、総じて「記録簿」と呼ぶことにする）に注目して話を進めたい。

団兵衛が作成した記録の数々。多様な種類の史料群である

「○○簿」は、安高文書のなかでそれほど数が多いわけではない。ただ○○簿は、文字通り簿冊の形態になっているのがほとんどである。簿冊とはある事柄についてまとめた書類群である。簿身近な例でいうと、ファイルの類いを想像して

もらえばいいだろう。とりわけ、団兵衛の○○簿はメモ紙、印刷物、手紙、葉書、新聞の切り抜きなど雑多なものから成っている。厚紙で表紙をつけ、年月、タイトル、作成者（もちろん、安高団兵衛）を墨書きしているものが多い。表紙の厚紙と中の書類をまとめて一まとまりになっている。そうして一つになったものは、厚さ五センチくらいになるのはざらである。これ一冊だけでも、相当な情報が含まれていることがわかるだろう。さらに言うと、史料を整理する時は、○○簿も一点、手紙も一点、新聞も一点と等しく計算する。もし○○簿が解体されて、中の史料がバラバラになったとすると、一体どれだけの史料と点数になることだろう。先ほど筆者は○○簿の点数は安高文書のなかでそう多くはないと述べたが、その一つだけでも情報の宝庫である。

「表」は日々採っている記録そのものであったり、一年単位で集計したものを指している。その記録も気候であったり、睡眠時間であったり、さまざまである。表もまた安高文書を代表する記録簿である。

ところで、団兵衛はいつどんな記録をとりはじめたのだろうか、あるいは作成を始めたのだろうか。それはすべての記録簿を集めてきて、年代順に並べてみるといいだろう。安高文書は目録が作成されているので、そこからおもな記録簿を取り上げ、開始順に並べてみた。煩雑になるのを避けるため、明治・大正期、昭和戦前期、昭和戦後期の三つに分類している。

〈1〉明治・大正期

一九〇八（明治四十一）年一月一日　十一歳
・『日記（日誌）』

一九一二（大正元）年　十六歳
・『農業作物別耕作明細表』

一九一九（大正八）年十一月二十日　二十三歳
・『就寝時間入浴回数統計簿』
・『金銭出納簿』

一九二〇（大正九）年一月一日　二十三歳
・『家業実施表』（のちにタイトル名を『家業日誌』に変更）
・『農業統計表』
・『晴曇雨雪統計表』
・『八幡下肥採取統計表』

・『文通交際発信受信月日表』
・『家族健康他行休業統計表』
・『家畜就業統計表』
・『国家、町、村、区内、家庭ニ於ケル重要記事録』

一九二二（大正十一）年　二十六歳
・『区内ノ諸記録簿』

〈2〉昭和戦前期

一九二七（昭和二）年　三十一歳
・『農業経営大要』
・『粟屋正交会』

一九三〇（昭和五）年　三十四歳
・『下肥溜壺各壺別収支表』

一九三二（昭和七）年　三十六歳

・『家業日誌勤労表』
・『農家経済集計書』

〈3〉昭和戦後期

一九五二（昭和二十七）年　五十六歳
・『芦屋飛行場地区防風林伐採被害者組合関係書類綴』
・『芦屋飛行場地区略農被害者組合関係書類綴』

一九五三（昭和二十八）年　五十七歳
・『福岡県芦屋飛行場隣接栗屋部落排水路埋立被害陳情に関する書類綴』

以上、おもな記録簿について、作成開始順にあげてみた。その隣に団兵衛の満年齢を記してみると、どんな時にどんな記録を作成したのかを合わせて検討することができる。そう考えてタイトルを眺めているだけでも、団兵衛がそのころ何をしていたのか、それとなくわかるだろう。

団兵衛は十一歳で日記をつけ始めた。まだ小学生である。一九一九年から翌年にかけて、多くの記録を作り始めている。現役兵として徴集され、三年間の兵営生活から戻った直後

野菜出荷のため、八幡市の市場へ向かう団兵衛。市場まであと少しの坂道を歩く（1933年10月15日撮影、安高家所蔵）

である。一九三〇年ごろは、農業に関する新たな記録が増え、農業経営が円熟に達しているようだ。年齢も三十代半ばで働き盛りである。一九五二年以降は今までとはかわって、芦屋飛行場の被害補償に関する活動に従事している。ともかく、筆者は生涯を通してこれだけの記録をつくった人物を他に知らない。

本書は団兵衛の記録簿を、〈1〉明治・大正期、〈2〉昭和戦前期、〈3〉昭和戦後期の三つに分けて、代表的な記録簿について解説することにしたい。その際、団兵衛がどういうきっかけや考え方で記録をつくるようになったのか、できるだけ明らかにしたいと思っている。〈記録魔〉団兵衛とは何者なのか、ともにおつきあいいただければ幸いである。

安高家の系譜

安高家の系譜について、少し説明しておきたい。

団兵衛は福蔵（父）とシゲ（母）の長男として、一八九六（明治二十九）年三月二十二日に生まれた。シゲは永田用平（父）とシケ（母）の三女で、一八九〇年十二月に安高藤平とキミの養子になっている。福蔵は早川正五郎（父）とナカ（母）の次男で、一八九一年八月にシゲと同じく藤平とキミの養子になっている。

藤平とキミの夫婦には子供ができなかったようで、早くから養子を迎えて安高家を継いでもらうことにしていたと思われる。藤平とキミは一八八三年に、未婚の男女一人づつを養子にしている。おそらく、二人を結婚させて、安高家を継がせようとしたのだろう。ところが、安高家に入籍して五年を過ぎたところで、二人とも相次いで除籍となり、それぞれ実家に復籍している。なぜ二人とも実家に戻ったのか、この経緯については明らかではない。

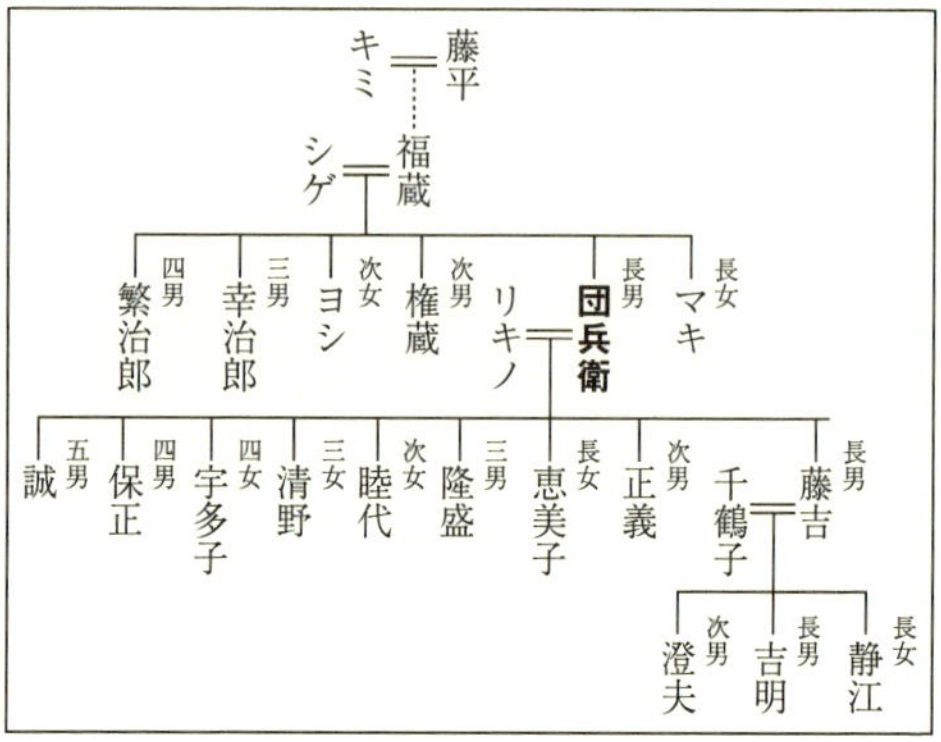

安高家略系図（安高文書より作成）

福蔵とシゲは安高家の養子になったあと、一八九一年十月に結婚している。福蔵は十七歳、シゲは十六歳であった。福蔵とシゲの夫婦は、一九一二年までに五人の子供（三男二女、次男は早世）に恵まれている。そして福蔵が藤平の隠居にともない、安高家の家督を継いだのは、一九一六（大正五）年三月であった。福蔵は四十二歳になっていた。

この年、長男の団兵衛は二十歳になり、十二月に現役で徴集され、兵営生活を送ること

安高家の家族。中央は安高千鶴子氏、右は吉明氏、左は澄夫氏（2015年10月27日筆者撮影）

になった。団兵衛は父親の福蔵が安高家の当主になった数カ月後に、しばらく実家を離れることになったのである。団兵衛にとって一九一六年は、人生の大きな転機になった。なお藤平は翌一九一七年十一月、八十三歳で死去した。団兵衛は、祖父藤平の死を兵営で聞いている。

安高家は藤平のあと、福蔵、団兵衛、藤吉、そして吉明と長男が継承して今日に至っている。遅くとも江戸後期からと思われるが、ここ芦屋の粟屋で、もっぱら農業に従事し、とりわけ野菜栽培を営んできた。安高家は粟屋という土地に定着し、一貫して農業に従事してきたのである。

安高家の農業経営

それでは、明治から昭和に至る、安高家の農業経営について説明しておこう。武藤軍一郎氏は、安高文書を使用して、安高家の農業経営を分析している。それは団兵衛が農業経営を担っていた時期にほぼ該当している。武藤氏に話を伺うと、安高文書の中には、精密な記録が含まれており、貴重な史料が残っていると評された。ここでは、その研究成果にもとづいて述べてみたい（以下、武藤氏の「明治期以降、都市近郊農家における野菜作の展開過程」『福岡県地域史研究』第十九号、二〇〇一年による）。

安高家は一八七〇年代末には、大根やサツマイモなどの野菜栽培が農業経営の柱になっていた。明治になって、十年が過ぎたころである。その後も、野菜の種類、面積、販売、いずれも規模を拡大し、野菜を中心にした農業経営を営んで今日に至っている。

安高家のある芦屋町粟屋のほとんどの農家は、明治期から野菜を栽培し、自ら販売することによって、生計を立てていた。芦屋町は遠賀川の河口に位置し、現在の北九州市若松区に接し、また同市の八幡西区や八幡東区にも近い。遠賀川を遡れば、かつて日本で有数の産炭地であった筑豊地域に達する。

一寒村に過ぎなかった八幡村は、一九〇一（明治三十四）年に八幡製鉄所が作業を開始すると、労働者を中心に人口が急増していった（芦屋町粟屋から八幡製鉄所まで約二〇キロ）。さらに第一次世界大戦をきっかけに、北九州地方は多くの工場が立ち並ぶようになった。また芦屋町の近くにいくつか炭鉱も存在し、労働者が集住していた。このように、芦屋町の周辺では、明治後半以降になると人口が急増し、野菜を消費する人々が増加していた。

もともと芦屋町は遠賀郡のなかでも、水田が少なく、畑の多い地域であった。なかでも粟屋はその傾向が顕著で、おそらく農業は江戸期から野菜栽培を中心に経営していたであろうと思われる。安高家の野菜栽培は、団兵衛が農業経営に一人前として参加することになった一九二〇年以降、積極的に進められている。この取り組みは、先ほど述べた遠賀郡及びその周辺における急激な人口の増加と重なっていた。粟屋の土地はそもそも畑作に適しており、農家は野菜栽培の経験が豊かで技術に優れ、その販売も巧みであった。粟屋の農家はこうした芦屋町周辺の人口急増に対応して、野菜栽培の規模を拡大していたのであり、安高家もそうした状況のなかにあった。

安高家の農業収入について、一八八八年から一九五五(昭和三十)年までの約七〇年間を概観しておこう。農業収入は当初から野菜の比重が大きかったが、明治後半からはそのほとんどを野菜で占めるようになった。とりわけ農業経営の中心は大根栽培であり、一九一〇年代から一九三〇年代初めまでの二〇年以上、農業収入の四割から五割を占めていた。まさに大根経営といってよい特化ぶりである。一九三〇年代後半から大根の割合は徐々に小さくなり、その他の野菜が増えている。そうはいっても、大根に代わるような独占的な作物が栽培されたわけではないようだ。キャベツ、唐辛子、カブ、タマネギなど多くの種類がつくられたが、間もなく白菜やトマトを栽培するようになり、その後も作物は次第に代わっている。戦後は従来の野菜栽培に加えて、新たに畜産を取り入れ、両者の組み合わせに移行してい

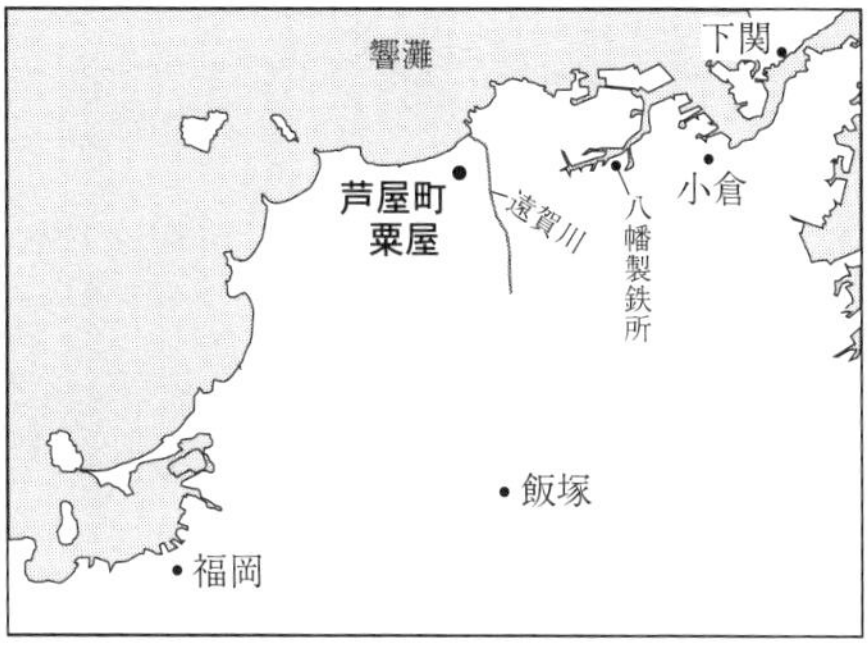

芦屋町は響灘に面し、遠賀川の河口にある

る。

この当時の農作業は、基本的に人力であった。後で詳しく述べるが、団兵衛は大変な働き者であり、朝は暗いうちから畑に出て、夜は暗くなって家に帰った。労働力は直系の家族のみであった。安高家は牛を飼っていて、耕役（農場内での牛馬による作業）と挽役に使用していた。牛の労働時間は人間の労働時間と比較するとかなり少ないが、農作業中の耕起、砕土などきわめて重要な役割を担っていた。武藤氏によると、機械ではなく人力による農作業でこれだけの労働を行う、誰にでもできることではないとのことだった。

安高家の農業経営で特徴的なのは、自給肥料の割合が高いことである。一九二一（大正十）年の記録によると、肥料の中心は、下肥（人糞尿を腐熟させたもの）、厩肥《きゅうひ》（家畜の糞尿や敷き料を堆積腐熟させたもの）、堆肥《たいひ》（藁、落ち葉、塵芥、野草などを堆積し自然に発酵させたもの）などの自給肥料である。ほかにも木灰《きばい》、馬糞《ばふん》などを使用しており、自給肥料の種類は豊富であった。時代が下がるにつれて、金肥の量と種類が増えてはいるものの、肥料の中心は依然として下肥、厩肥、堆肥であり、とりわけ下肥の比重は著しく大きかった。では下肥は、いつどのようにして確保していたのだろうか。

下肥のほとんどは、八幡市で汲み取ってきたものであった。その割合は、全体の九割前後に及んでいる。八幡市の汲み取りは、一九二〇年三月に開始している。一九三七年の記録によると、一年間の汲み取り回数は八十九回、四日に一回の頻度である。牛車（以前はリヤカー）に肥樽を積んで、片道二十キロの距離を運んだ。汲み取りは、朝早くから昼過ぎまで、およそ十四時間をかけている。

団兵衛は兵営から戻って、農業経営に本腰を入れ始めると、野菜の種類と面積を増やして、商品作物としての栽培に力を入れた。それとともに、八幡市の下肥を汲み取って、肥料にするという方針を採った。団兵衛は芦屋町でも下肥の汲み取りを行っていたが、その量は少なく、農民同士の競争も激しいため、やや離れてはいるが、人口の多いすなわち糞尿の多い八幡市へ向かったのであろう。

最後に野菜の販売についてみておこう。明治期から大正初期は、芦屋町の中心街や中鶴炭鉱（遠賀郡長津村、現中間市）など近在の消費地を中心に、おもに担い棒による振り売りを行っていたようだ。野菜の年間販売日数は、一八六日を数えている（一九一二年）。一年三六五日のおよそ半分の日数は、販売している計算になる。大正後期になると、野菜を中間市場や八幡市場へ出荷することが多くなっている。このころは車力、リヤカー、牛車を用いており、少しあとになると馬車も使っていたようだ。野菜の年間販売日数は、二〇〇日と増加していた（一九二一年）。昭和期になると、野菜の年間販売日数は一八六日と以前より減っている（一九三五年）。これは大根の量を減らして他の野菜（カブ、白菜など）と組み合わせ、一回の販売量を増やすことによって、販売日数を絞ったことにあるようだ。

以上をまとめると、二十五年ほどの間に、野菜の販売方法は小売りから卸売りへと変わっている。また売り先も芦屋町近在だけでなく、中間町や八幡市などの広い範囲に及ぶようになった。野菜の売り先が日々変わっているので、団兵衛はどうやら価格の高い場所を求めて情報を手に入れ、売り先を判断するようになっていたと思われる。

第二章　明治・大正期の団兵衛〈誕生から三十歳まで〉

日記を始める

団兵衛は小学校へ行くのが好きだった。芦屋尋常小学校に四年、さらに芦屋尋常高等小学校に四年、合わせて八年の小学校生活を過ごしている。団兵衛は遅刻を何回か、あと田植えの農繁期に早引きしたが、休んだことはほとんどなく、往復約六キロの道のりを通った。

高等小学校に進学すると、卒業してどうするか、自ずと進路を考えなければならなかった。高等小学校に二年間いて中学校へ進学するか、そのまま四年間過ごして家業を手伝うか、あるいはよそへ働きに出るかといった選択を迫られる。団兵衛は同級生が進学するのをみて、自分も中学校か、農学校へ行きたいと毎日のように両親にお願いしている。しかし、両親はお前は長男なので、尋常高等小学校で学校は終わって、家業の農業を継がなければならぬと言い渡している。

団兵衛は農業の仕事が好きではなかった。父親は早朝、芦屋の町へ行って野菜を売り、各家庭の下肥を汲んで帰っていた。下肥は野菜を育てるための肥料として使う。現在はほとんど見かけなくなったが、最近まで農作物の肥料としてよく使っていた。その肥汲《こえく》み、保管、肥かけは農業の重要な仕事であった。団兵衛は小学校に登校する時、空の肥樽を二個かつがせられ、嫌な思いをしていた。どうしても農業をしなければならないのであれば、肥汲み、肥かけなどの仕事は下男や下女にさせて、自分は監督や指揮をすることにしようと密かに考えていたのである。

団兵衛は一九一〇（明治四十三）年に無事小学校を卒業し、両親のもとで農業の手伝いをすることになった。団兵衛十四歳の春であった。それほど農業に身が入っていたわけではない。やむを得ずといったところが、多分にあっただろう。ところが間もなく、転機が訪れる。

団兵衛は十四歳の秋ごろ、約十キロ離れた炭鉱へ初めて野菜を売りに行く。数歳年上の人と一緒に、午前三時からまだ暗い道を歩いていった。その道中、東の空が次第に白みがかって、太陽を拝むようになるまでの何とも言えない大気の心地よさを感じた。そして野菜の代金を手にして帰る時、農業はほんとに働きがいのある仕事だと思ったという。

それから団兵衛はこの仕事に夢中になった。連れがいなくても、一人で行く。何十日も続けて、午前三時から出かける。売り場では、野菜は質の良いものから売れる、お金も多く入る。それに気づいた団兵衛は、良い野菜を作らねばと、日照りが続けば水をかける、何回も肥かけを行う、そして毎日野菜を売りに出かけた。両親もあまりの働きぶりに心配して、二、三時間くらい昼寝をしてはどうだと勧めたが、両親の助言を聞き入れるどころか、立派な野菜を作りたいとの一心で働き続けた。

といっても、さすがの団兵衛も朝起きてみると眠くて辛いので、今日は昼寝をしようと決心したことがあった。ところが、野菜売りから帰ってくると、朝起きた時に考えたことはどこへ行ったやらだった。団兵衛は立派な野菜を作らなくてどうするという内心の声とともに、畑から野菜が水をください、肥をくださいと呼んでいる気がして、結局休むことなく働いたという。上等な野菜を売りに行くと、他人の野菜より先に売れる、お金も入って面白くなる、ますます励んで働き、野菜が良くできるという好循環になって、農業ほど面白い仕事は他にはないとまで思うようになった。農業ほど楽しく、しかも聖なる仕事はほかにはないとする。

人体に不用になつた排泄物を、アノ多くの人のいやがる臭い人屎尿を施用して天地の恵みを受ければ、いろいろな作物が見事に成育して今度は人々の愛美する美麗な花を咲かせたり、美味な果実を結びて熟する。人生に尤も必要欠くべからざる衣食住の資源を、無より有に作り出すのである。

団兵衛はこうして農業という仕事に、とことん入れ込むようになった。小学生の時に、肥汲みや肥かけは嫌いだと思っていたのは、今になって考えてみるとおかしいと回想している。団兵衛は他人から農業を辞めろと言われても一生続ける、そして安高家を継ぐ者は、必ず農業をしなければならぬことにしたいとまで言い切っている。もちろん、この言葉は当時ではなく、しばらく後になってからである。

団兵衛は十一歳の時から日記をつけている。農家の長男であった団兵衛は、小学校が終わると、ほかの子は遊んでいるのに、小さい弟妹の相手をしたり、農作業を手伝ったりしなければならなかった。団兵衛もほかの子のように遊びたかったけれど、「自分が働いた事を帳面につけて置くことにしてそれであきらめよう」と思いたったのが日記を始めたきっかけである。いわば自分の境遇を納得させるために始めたわけである。ところが、日記をつけ続けるうちに、「自分の勤惰を日記帳が監督してくれる様になつた」と語るようになっている。

団兵衛は「ほんとの事を記入するのが日記である」

団兵衛が初めてつけた『日記』（1908年）と退営後に始めた『金銭出納簿』（1919年11月20日以降）

と定めていた。そうであるから、日ごろから立派な行動をしなければならないし、大いに仕事をしなければならないとする。その結果、「日記を立派に記入出来る様に一生懸命にすることになり、大層修養の基になる」としている。団兵衛は生涯日記をつけているが、もはや単なる記録ではなく、生き様を表していると言ってよいだろう。

また団兵衛は幼いころから金銭出納簿をつけていた。団兵衛によると、日記よりもいくらか早い。十三歳の正月からは、一家の金銭出納簿も任されている。それまでは父親がつけていたが、仕事で疲れて記入中に眠り込んだり、字が乱れている様子を見て、自ら申し出て代わっている。団兵衛は一家の収支が明らかになって、その成果は大きいとした。つまり、項目別の収支がわかって、浪費や無駄を省いたり、計画を立てたりすることが容易になっている。

徴兵検査にのぞむ

団兵衛は一九一六（大正五）年三月に満二十歳を迎えた。戦前の日本では、満二十歳に達した成年男子＝壮丁は、徴兵検査を受けることを義務づけられていた。安高文書のなかに、団兵衛の一九一六年の日誌が残っている。この日誌をもとに、団兵衛が徴兵検査を受けて入営するまでの経緯についてみてみよう。

一九一六年一月十八日、芦屋町役場より戸主の安高藤平へ照会書が届いている。団兵衛が徴兵の適齢に当たること、現在の職業と学力程度を調べた上で、二十日午前九時に印章を持参して芦屋町役場へ出頭するようにとのことであった。

家族は団兵衛がどうか徴兵検査で籤が外れるようにと祈っていた。家族は働き手を失うことはもちろんだが、福蔵の酒癖が悪いことに頭を痛めていて、団兵衛がいてくれたら少しは安心だと思っていた。徴兵検査は身体検査が中心であったが、平時に必要とされる兵士数はそれほど多くないため、合格者の中から籤引きを行い、入営する者を選定していた。家族は団兵衛が徴兵検査に合格するのは間違いないと思っていたので、あとは籤が当たらないようにと念じていたのである。一方、団兵衛は徴兵検査に合格するよう日頃から願っていた。同時に自分が入営して家を留守にしている間に、福蔵の酒癖で家族が心配することのないように案じてもいた。

当時において、こうした団兵衛の態度は珍しい。芦屋町では徴兵検査前に本人と若者一同が地元の神社に参詣して、「どうぞ徴兵検査には籤逃れになります様に」と祈願することが慣行になっていた。つまり、徴兵検査に合格したいが、実際に徴兵されて兵営に入りたくはないということだった。これは芦屋町の若者に限ったことではなく、日本全国どこでも共通していたとされている（原田敬一『国民軍の神話』）。団兵衛は一人で神社に参って、「どうぞ徴兵検査には甲種で合格する様に、何卒兵隊に行けます様に」と祈っていたという。団兵衛は家族の思いや郷土の慣行とは関係なく、徴兵検査に合格して入営することを強く願っていた。なぜ団兵衛はそれほど切望したのか、その理由はあとで語ることにしたい。

この年の二月から三月において、安高家にとって大きな出来事があった。安高藤平が隠居し、福蔵に家督及び土地を譲ることになったのである。そのため、福蔵は町役場、登記所、税務署などへ出かける日々が続いた。三月八日、福蔵に安高家の家督と土地が正式に継承された。団兵衛もまた福蔵の長男として、いずれ安高家の当主として家督を継ぐ立場になった。安高家の跡取りになったことは、団兵衛の心構えに影響したであろう。

こうしたなか、芦屋町役場より団兵衛に通達書が届く。徴兵検査は五月五日午前八時から折尾村の正願寺で実施すること、その前三月二十日午前九時に芦屋町役場で下検査を行うので出頭するようにとのことだった。下検査の当日は、午前十時三十分より現在の職業と学力の程度を調査し、眼病と性病の有無を検査して十一時五十分に終了した。

五月五日、団兵衛は午前三時五十分に起床、友人二人と四時三十分に出発し、六時十五分に会場の正願寺に到着した。徴兵検査は六時三十五分から始まった。まず学校長より読み方、講義、算術の学力調査が行われた。次に本堂へ行き、褌一つの姿になって、検査官より身長、体重、視力、聴力、目の動きや色識別、眼病、そして陰部と肛門について調べられた。陰部と肛門の検査は、六枚の屏風の裏で褌を脱ぎ、真っ裸で受けている。この検査は屈辱的なものとして有名だが、団兵衛の記述はとくに感想もなく淡々としている。その後、郡長より住所、生年月日、両親の有無、兄弟及び家庭の事情、職業などを尋ねられている。最後に連隊区司令官より検査結果を伝えられた。甲種合格であった。団兵衛は後に「『甲種合格だ』と司令官から言渡しを聞いた時はほんとに嬉しかった」と回想している。

徴兵検査は午後四時三十分に終了した。約十時間という長さだった。団兵衛は六時に帰宅、友人二人と自宅で八時半から十一時まで小宴を張って祝った。酒四合に肴は筍と蒟蒻、総じて三八銭というささやかなものだった。

五月九日、芦屋町役場前に徴兵検査成績表が掲示されている。団兵衛は甲種合格、兵種は輜重兵《しちょうへい》であった。歩兵であれば入営は二年間であったが、それ以外の兵種は三年間入営することになっていた。団兵衛は入営したい、ただし兵種の好き嫌いは言うまいとしながら、三年間になればそれだけ家業に迷惑がかかることを案じてもいた。団兵衛はこうした悩みや戸惑いを抱きながらも、三年間の兵営生活を送ることになったのである。

この当時の兵役について説明しておこう。徴兵検査の結果、壮丁は甲種及び乙種＝現役に適する者、丙種＝国民兵役に適する者、丁種＝不合格者、戊種＝徴集延期・翌年回しに選別される。甲種は身長五尺（約一五〇センチ）で身体強健な者、乙種（第一乙種・第二乙種）は甲種に次ぐ者とされた。その中から現役兵と補充兵が選ばれ、通常は甲種の三分の二から二分の一程度が抽籤で現役兵となった。現役兵は十二月一日に入営する。国民兵役は十七歳から四十歳までの男子に適用されるが、詳しい説明は内容が煩雑になるのでここでは省く。

この年、芦屋町の壮丁は一〇五人、そのうち甲種三十二人、乙種二十七人であった。甲種の割合は三〇%であり、高い割合を示している。受験者数一〇五人中、入営者数二十四人で、二二・九%であった。一九一六年の全国平均は二一・一%なので(加藤陽子『徴兵制と近代日本』)、ほとんど変わらない。そのなかで、芦屋町は甲種合格者の割合が高かったのではないだろうか。

入営に備える

団兵衛は入営が決まると、早速準備を始めた。十二月一日が入営日なので、あと半年ほどである。まず同級生の中西栄次郎より、熱血処士『歩兵教範』(柏原圭文、一九〇七年)を貸してもらった。そのあとすぐ、国民軍事教育会より『入営兵準備教育講義録』(以下、『講義録』)の「内容見本附規則書」を受け取って一読している。この『講義録』は一九一二(大正元)年から頒布されている。これは精神教育などの各講話が全部で五号に分載されており、すべて買わないと揃わないようになっていた。

団兵衛は『歩兵教範』を仕事の合間に読みつつ、地元の在郷軍人に会って在営中のことを聞いたりしている。さらに国民軍事教育会に入会し、『講義録』を手に入れようとした。

この本は入会しないと、手に入らなかったらしい。ところが、安高家はここ最近野菜を販売していないため収入が絶えていて、到底入会金を払うことができない。さてどうしようかと考えていたところ、一昨年から貯金していたことに気づき、その貯金で入会を申し込んだ。入会金と五号分合わせて、一円一一銭であった。ようやく団兵衛の手元に『講義録』が届いたのは、六月二十一日であった。当日の日誌には、「サア、以後は農閑を徒費せざるよう一心に勉強致さん」（安高文書）との決意が記されている。その後、日誌には『講義録』を「読習せり」（安高文書）との文字が毎日の様に並んでいる。文字通り、読んで習っていたのだろう。口に出して読んでいたかもしれない。講義録を読んでいたのは、野菜商いに遠方へ出かけた帰り道であった。時折『歩兵教範』も読んでいたようだが、大半は『講義録』であった。もとより団兵衛は輜重兵として入営するので、歩兵は直接には関係ない。友人から借りたこともあり、歩兵も勉強しておこうと考えたのだろうか。

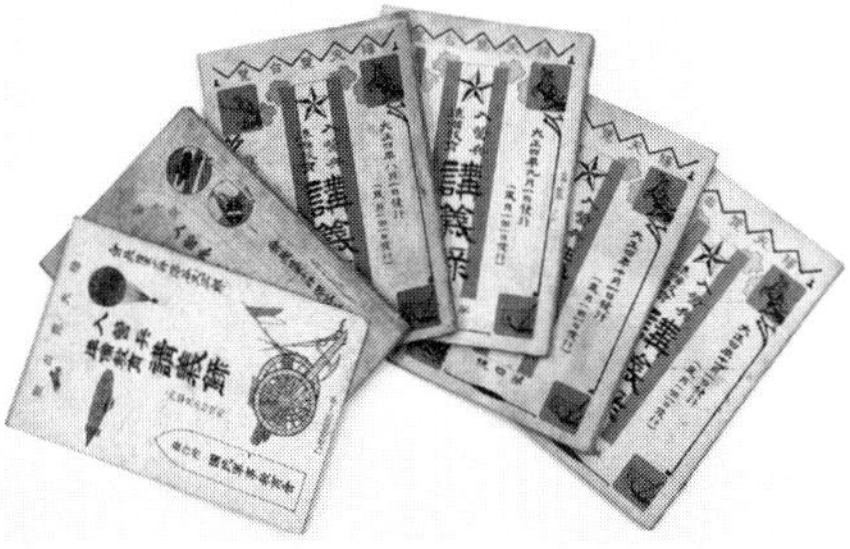

『入営前準備教育講義録』全６冊の表紙（「内容見本附規則書」を含む、筆者所蔵）

　この講義録を手に入れ、入営前に学んでおくことの利点は、ある程度兵営の様子がわかっているので、優秀な成績を修めやすく、その結果上等兵への出世が待っているということだった。上等兵は二等卒――一等卒――上等兵という序列の中で、最上位にある階級である。入営した者はすべて二等卒からスタートするが、上等兵になるのは容易ではなかった。上等兵へ進級できた者の割合は、一七％から三四％というデータが残っている（吉田裕『日本の軍隊』）。さらに最も真面目で有能とされたごく少数の上等兵は、「伍長勤務上等兵」という認定書をもらって退営する。召集の時には、伍長に任じられ、少数とはいえ部下をもつ分隊長になることができた。つまり、退営する時に、二等卒なのか、一等卒なのか、あるいは上等兵なのかは大きな違いだった。

なぜこのような上等兵への強い願望が存在したのか。兵士たちは数年ぶりに故郷へ帰ってくるが、上等兵になった者はいわば勲章を手に入れたようなもので、地域の中で指導者、有力者になっていく。たとえば、青年訓練所の指導員、消防団の幹部、在郷軍人会の分会長、村会議員などになることができた。つまり、上等兵になって故郷に帰ってくると、地域社会の実力者になるのである。

この種の『講義録』は軍隊は出世の場であり、そのためには何をすればよいのかを伝えていた。こうした本や冊子が日露戦争後のこの時期に出回っていたことは興味深い。団兵衛が入営を自ら強く望んでいたこと、『講義録』の熱心な読者だったことは、本人の意図は別にして、陸軍にとって理想的な態度だったと言えるだろう。

団兵衛は入営すること、すなわち軍人になることがよほど嬉しかったのだろう。六月三日の日誌には、「我は兵役合格せしはもとより祈願せし処にて、近頃は何時も『我は日本帝国軍人なり』と思へば愉快限りなく、家業に服する時も斯く思ひて勇気は湧出し、如何なる仕事も心地よく仕遂ぐるのである」（安高文書）と率直に表している。十月一日から三日間は宗像大社の秋季大祭である。十月一日は日曜日で天気も良かったので、朝早くから自宅を出発し、宮地嶽神社と宗像大社を参詣している。宮地嶽神社では「国家安泰を祈り、又我入営の上は軍務に懸命勉励して軍人の面目を全すことを祈誓」（安高文書）している。この時ももちろん、『講義録』持参だった。

興味深いのは、十月六日の記述である。前月九月十三日に親友の自宅に招待されて腹一杯食べ、翌日から十九日まで一週間近く体調がおかしかったことを反省している。

暴飲暴食は実に胃腸を害すものなるよ、此後は決して暴飲暴食はせまい。殊に我は二ヶ月余の後は入営せなければならぬ。即ち天皇陛下に捧げる身である。健康を損じてはならぬ。入営兵準備教育講義録にも陸軍衛生講話に暴飲暴食を謹しむべきことが記載されてある。あゝ此後は暴飲食を謹むことを決行しよう。（安高文書）

さらに日誌には、地元の在郷軍人を訪ねて兵営生活について尋ねたところ、在営中は食事量が少なくて腹が鳴る、空腹が一番辛いことを聞いたとある。団兵衛はそうした状況に慣れておくため、間食をしない、一回の食事に四杯以上は食べないと決めた。他でもない団兵衛のことである、間違いなく実行したであろう。

十一月に入ると、団兵衛はにわかに忙しくなる。団兵衛は今まで以上に張り切って家業を勤めようとしている。

あ、十二月一日は入営する身なれは、其の前に大いに家業を捌かせ置かんと毎日〳〵大いに奮励勤勉し居れ共、農業は日を経るにつけ追々仕事出来て尽くる時なし、入営前も早や一ヶ月無き様に相成りけり、此後も大励精家業に勉努し商帰路の如きも空しくせず読書し(今迄通り)て、兎に角我身の損ぜざる限り出来得る限り大勉励致さむ。

(安高文書)

このころから、団兵衛のもとに親族、友人、青年会などから「祝入営」と記された幟を次々に贈られている。団兵衛は贈られた幟を、庭先に七、八本立てて並べた。団兵衛は感謝の気持ちで一杯になった。

あ、何所からも彼処からも入営を祝すとて色々お世話を成し下さって誠に相済まぬ、何と御礼申してよきやら、あ、此上は此等の恩に報ひんため、入営後は一生懸命にて

軍務に勉励致さん。　（安高文書）

十一月二十日を過ぎると、送別会が始まっている。親族、友人による送別会が何回も行われた。芦屋町尚武会は入営者二十四人を招待し、町長、在郷軍人会分会長をはじめ町内の有力者がそろったなかで送別会を催している。団兵衛は餞別として西洋手拭三枚、郵便葉書二十枚をもらっている。入営直前になると、安高家が粟屋の青年や親族一同を招待している。最後の十日間は、ほぼ送別会であった。こうした親族、友人、さらには地域による手厚いもてなしは、今からは想像もつかない。一方、入営者は多大な期待を寄せられ歓送される。相当な張りと同時に、重荷になったであろう。

入営する

十一月三十日、団兵衛は粟屋区内を挨拶して回ったあと、自宅で祝宴を張った。そして芦屋祇園宮へ行き、現役入営者武運長久の祈祷式に出席した。そのあと、親族及び粟屋区民一同に見送られ、芦屋鉄道東芦屋駅へと向かった。そこで入営者は多くの町民から盛大に見送られた。

万歳声裡に国旗の波に送られて、見馴れしわが町を、郷里の畑や森を後に小倉へと向つた。自分は父上が附添として来て下さつた。コクラー丶の駅夫の呼声、早や汽車は小倉駅に着いた。

団兵衛たちが入営するのは、小倉に配置された第十二師団の兵営である。入営者は前日に小倉へ出向き、市中で宿泊することになっていた。友人たちは「この日が地方で自由に遊べる最後だ、明日から籠の鳥だ」と言って、夕方から遊びに出かけたが、団兵衛はお世話になった郷土の人々への礼状を書いていたという。

十二月一日、天気は快晴で小倉市中から北方まで約四キロを歩いた。団兵衛は輜重兵第十二大隊第一中隊に配属された。営庭で第一中隊の入営者全員が大きな円をつくり、伍長の指示に従って軍服に着替えた。団兵衛は脱いだ衣服はすべて付添人の福蔵に渡し、次のような話を交わして別れた。

福蔵：シツカリやれよ。使銭でも足らぬ時は何時でも手紙を出せ、直ぐ持つて来るからね。内の事は決して心配する事はいらぬ、シツカリやれ。

団兵衛：ハイシツカリやります。決して人に負けぬ様にやります。留守中は一段と忙しくなる事でせうが皆無理せぬ様にして居て下さい。近所のお方や皆様にもよろしくお伝へ下さい。さようなら。

午後は営庭で宣誓式が挙行され、署名捺印を行った。これで名実ともに、軍人となったのである。さらに禁酒禁煙する者は中隊長に申し出よという呼びかけがあり、団兵衛は禁酒禁煙を誓っている。団兵衛は入営当日の心境について、次のように記している。

此後愈々軍隊生活

畏れ多くも天皇陛下より下し賜へる勅諭勅語の御趣意を遵奉し、諸規則命令を厳格に守り、拮据励精誠心以って軍務に勉励し、軍人の本分を全うせん覚悟なり

（安高文書）

「これで愈々陛下の股肱たる帝国軍人になつたのだ」と思へば、何だか今迄より一段位が上つた様な気がして、「よしシツカリやるぞ、軍人の本分を一意邁進するのだ。」と堅く堅く決心した。

団兵衛は『講義録』の教えにより、軍人勅諭を暗記していた。ほかにも微に入り細に入り、兵営について習得していたことだろう。こうして団兵衛はしっかり準備して、熱望していた兵営生活に踏み出したのである。

兵営の日課

団兵衛によると、兵営の日課は次の通りである。

夜は午後九時消灯、朝は起床ラッパが鳴って起きる。団兵衛は睡眠時間が自宅にいた時より一・五倍以上長く、早く目が覚めてしまいどうしようもなかった。兵営はラッパが鳴って初めて行動することになっている。日課はすべてラッパで始まり、ラッパで終わるのであった。

起床ラッパが鳴るとすぐ床上げにかかる。五枚の毛布、敷布など決まり通りに畳んで揃えなければならない。起床ラッパから二十分後、点呼ラッパが鳴ると、営庭に出て整列し日朝点呼を受ける。それまでに二年兵と三年兵の床も上げることになっていたが、初めは自分の床を上げるのに精一杯で、顔を洗うのもそこそこで点呼に出ていた。

点呼後は厩舎で馬の手入れを行い、約一時間後に朝食である。朝食後に自分と二・三年兵の食器を洗ったり、食卓を拭いたり、下を掃いたりする。その後、学科が始まるまで、靴を磨く、兵器（銃や軍刀など）を手入れするなど演習の準備をした。

「学科に集まれ」の声がかかると、何をしていても途中でやめて学科に行く。団兵衛は「この競争があってこそすべての動作が早くなり鍛錬せられて向上して行くのである」と前向きに捉えている。学科の終了後、兵舎へ帰り演習の準備をして集合する。

演習は四班で構成されていた。四班のうち集まりの遅い二班は、往復三〇〇メートルある材料庫を走って回ってくる、さらに二班のうち遅い班はもう一回であった。その後、各班ごとに一列に並び、班のなかで遅い半数が材料庫を走って回ってくることになった。そして材料庫を回る者のなかで、遅い者の半数がもう一回ということになった。

演習は乗馬、車載、駄馬、挽馬、梱包などさまざまだった。馬の訓練が多いことがわかるだろう。団兵衛は始め乗馬が苦手だった。乗馬演習は週に三回くらい、鐙なしで「飛び乗り」「飛び降り」を何回も続ける、乗馬で速歩進めを行っている。団兵衛は鐙がないうえに、「国弘」という馬が頭を下げる悪癖があり、「飛び乗り」をするのに苦労する。どんな馬になるかで大きな違いである。馬に乗る時に尻が痛く、また速歩進めで尻をこづき上げられる。団兵衛は尻を何度も水で冷やしたり、袴下《はかました》にも血がにじみついているので洗濯したりした。ひとり団兵衛だけでなく、中隊の三分の一くらいの者はそうだったらしい。ただ鐙なしの乗馬演習は、一期（十二月一日から翌年三月末日まで）だけであった。二期以降、馬に鐙をつけるようになると、乗馬も下馬も楽になり、乗馬演習は苦もなくできるようになったという。団兵衛は輜重兵であったので、乗馬演習は必須だったのであろう。馬に鐙をつけたあとは楽になったようだが、団兵衛に当てられた馬との相性もあって、「乗馬演習が一番辛かつた」と漏らしている。

もう一つ、ある演習をみてみよう。梱包演習は箱や叺《かます》を縛って荷造りする訓練である。

これを終わった者から、「何の何某、箱の梱包終り！」と大音声で名乗り、梱包した物を持参して順番に並ぶ。それを上等兵が一つ一つ検査し、梱包の仕方が悪い者、梱包がとくに遅い者などは、梱包した物をかついで先方の桜の木を回らせた。最初は梱包するのに一時間かかっていたが、梱包の仕方もよくなり、時間もかからなくなって、検閲前には五分程度で終了するようになっている。団兵衛はすべては戦争中の訓練なので、実際に梱包する場合は真っ暗な時もあるだろうし、敵前の時もあるだろうから、「確実に迅速に静粛にやるには、ホントに全精神力をこめて一生懸命やらねば出来ぬ」としていた。団兵衛にとって演習は、まさに戦時を想定しての真剣勝負だった。

団兵衛が入った小倉北方の兵営は、初年兵にとって難儀な場所だった。初年兵の演習靴は古く、雨の時は洩り、練兵場の赤粘土が着くと手入れに苦労した。そもそも、靴の手入れが良くないと靴擦れを起こし、また演習の時に厳しく指導された。ところが、粘土が靴に着くと、なかなか綺麗にならない。竹べらで粘土を除いて布片で拭く、そのあと保革油を少し引くとよいと習っている。ただいつも忙しく、演習に出るまでに、それをやる余裕はなかった。そこで水で粘土を洗い落とし、布片でこすって半乾きにし、保革油を塗ると早くて都合がよいことがわかった。乗馬演習からの帰りに、厩舎で馬の爪を洗って手入れする時に、靴の粘土も洗い落とし、軟らかい藁の葉でよく摩擦すると、班内に戻って手入れをするのが楽になる。しかし、上等兵から見つけられると、「貴様そんなズルイ事して

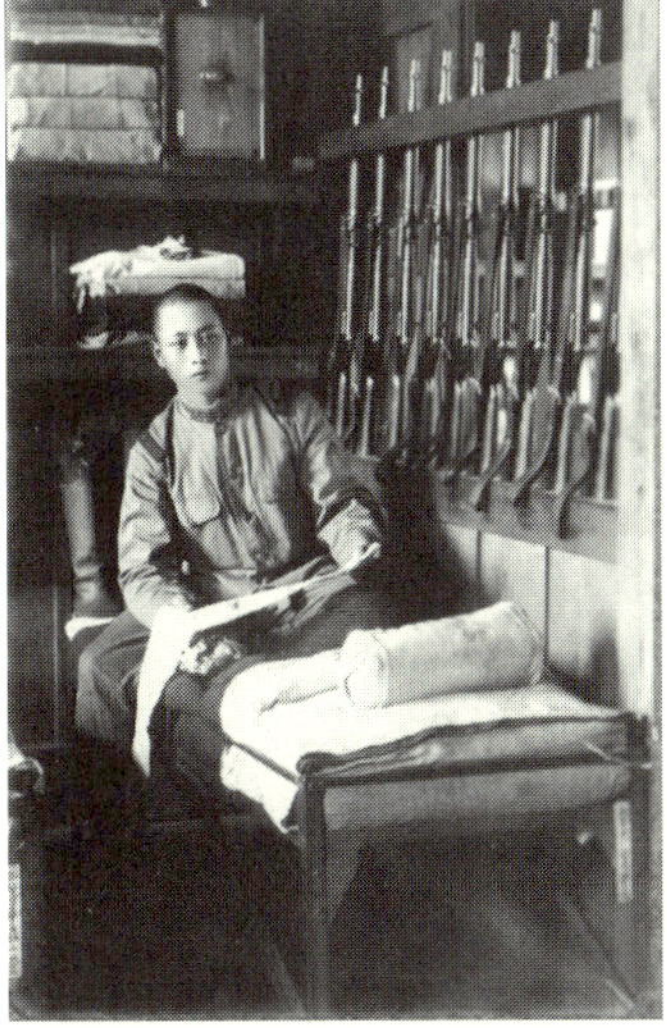

内務班のベッド上で弟の手紙を読んでいる団兵衛（1919年6月22日撮影、安高家所蔵）

居るなアー」と強く叱られた。

　初年兵の間は、実家から届いた手紙を読むひまもなかった。数日間は封を開けることもできず、夜中に便所へ行き、ようやく読んだこともあった。平日は返信の時間をとることはできず、軍務がすべて終わった日曜日の夕方に書いたりした。兵舎は夜間消灯しており、また不寝番の指導が厳しいためであった。

　毎週土曜日に何らかの検査（兵器、被服、身体、馬、車輌、清潔など）があり、演習の合間にその準備をする。各班、各中隊との競争なので、班長以下全員、中隊長以下全員が他に負けてはならぬと懸命に取り組んだ。

　初年兵は自分のことだけでなく、二・三年兵の床上げをしたり、靴を磨いたり、服を洗濯したりするのでなおさら忙しい。これが兵営の内務であり、現実であった。団兵衛は「別世界」と称している。初年兵は二・三年兵になると、自分たちがされたことを初年兵にしがちであった。初年兵に酷く当たる者が数人はいた。団兵衛は自分が二・三年兵になったら、初年兵に床上げや靴磨きを無理にさせないようにしたいと誓っている。

兵営の過ごし方

団兵衛は兵営生活をどのように過ごしたのだろうか。団兵衛は初めから元気に真面目にやることを肝に銘じていた。そうすると、二・三年兵からよく見込まれて過ごしやすいからであった。ただし、人並み以上のことをするには、睡眠時間を利用することが必要だとしている。その前に、団兵衛は便所は必ず夜間の就寝中に行くようにしておかないと、昼間の活動中に行くことになり、それだけ他人に後れをとるとしている。実際に排泄をコントロールしていたかどうかはさておき、便所の時間でさえも無駄にしないことを記しているのはいかにもである。

団兵衛は寒さ厳しい夜に、不寝番に便所へ行くことを告げて、二・三年兵の襦袢《じゅばん》や袴下を何枚も重ね着して持ち出している。洗濯場は氷が張っているので、それを手頃な石で割って、手の指が凍えそうになりながら襦袢や袴下を洗った。また夜中で寝静まっているので、音を立てないように、注意をしながら洗濯している。そして班に戻り、洗濯物をかけて寝るのだが、手足はなかなか温まらなかった。こんなことが何回もあったという。団兵衛は「後日の楽の種子」と思えば、こうした苦はどうでもないと述べている。

団兵衛はなぜこんなことをしたのだろうか。軍隊で出世しようとするならば、本人の努力や才能もさることながら、要領がいると言っている。要領とはどういうことだろうか。

軍隊の事はすべて誠心即ち真面目と元気が第一の要素であるが、その上に要領よくやると言ふ事が必要である。そして要領よくやるのでも何でも手早くやって行くと言ふ事が必須の条件である。

要は真面目と元気が大切で、その上で要領よくやることだと説いている。要領とは何でも手際よく、素早くやることであった。戦時の訓練だから、時間をかけてぐずぐずやっていては、敵に負けてしまう。要領とはまずそういうことである。

ただそれだけではない。一九一六（大正五）年から翌年にかけて、小倉北方の兵営は寒さ厳しく大雪も降った。兵卒はみんな凍傷、ひびわれ、あかぎれで苦労した。戸外の訓練を終えて、班内に帰ると暖炉が焚いてあるが、初年兵はなかなか寄りつけなかった。その理由は、次の通りであった。

二、三年兵から「こいつはズルイぞ」と見られたらそれこそ大変だ。人よりも少し手早くやつて室内の掃除しても「こいつはよくやるなア」と見らる丶様になるとそれだけ後には得になる。苦は楽の種子だ。

初年兵の時、二・三年兵にずるいと思われない、よくやると思われる振る舞いをしておく。今は苦しく辛くても、二・三年兵の覚えがよいとあとで楽になるというわけであった。先に述べた夜中の洗濯もそうだが、団兵衛にはこうした器用さがあり、兵営生活によく順応していた。団兵衛は兵営がどんな人間関係になっているのか、そこでどんな評価がなされるのかよく知っていたし、また実践することもできた。団兵衛はたんに実直なわけではなかった。

兵営には「酒保《しゅほ》」という売店がある。酒保で飲食物を販売するのは、日曜日と祭日だけであった。とくに初年兵はいつも空腹でどうしようもなく、みんな日曜日や祭日は酒保へ行きたい、そしてアンパンやぜんざいを食べたいと思っている。ところが、やるべきことをしていないとか何らかの理由で、酒保禁止になったり、さらには食事抜きになるのが最も辛かった。団兵衛は上等兵や古兵から酒保に使いを頼まれるので、自分の分はもちろん、ついでに同年兵の分も買ってくることができて人気がよかったという。団兵衛は酒保で買ったアンパンを、夕方になってゆっくり食べるのが楽しみだった。

また団兵衛は今まで従事してきた農業と比較して、兵営生活を次のように評していた。

家で厳寒の時の野菜採りや、洗つたりして夜の目も寝不足で毎日往復十里位の徒歩出荷して居たのに比べると、軍隊は楽な所だ。夜も十分眠れるし、只昼間規則通りすべてをする事は忙しい事だ。

団兵衛に限らず、日ごろの労働と比較すると、兵営生活は意外と楽だったという声はよく聞くようである。

下士志願を勧められる

第一期は十二月一日から翌年三月末までである。第一期検閲は三月下旬に、今まで訓練してきた演習を連隊長の前で行い、一人ずつ評価される。毎日のように検閲、検閲と喧しく言われて、朝から晩まで鍛えられる訓練や教育は、この検閲のためといってよい。団兵衛は第一期検閲の結果、中隊で四、五番目という優秀な成績を収めた。団兵衛によると、第一期の三月に入るころから、中隊長や教官から下士を志願しないかと勧められたという。団兵衛自身も兵営生活が面白いので、福蔵が面会に来たとき、下士への道を申し出ている。

団兵衛：下士志願をさせて下さい、三年の現役が一年だけ長くなるが、その代り四年目は軍曹になつて帰らるるから。

福蔵：いやお前は長男で家の農業を継続して行かねばならぬから、戦争のためとかで何年居らねばならぬと言ふ場合は仕方がないが、それでない限り一年でも早く帰つて来ねば困る。下士志願はしてくれるな。

それを聞いた中隊長や教官は、「おまへの様な者が下士志願して後中隊の幹部とならねば惜しいね！」と答えている。団兵衛は二十歳を過ぎていて、自分の意志だけで志願することもできたが、「親の意志にまで背いてするのは忠孝の意に反すると思ひ、遂に下士志願は思ひ止まつた」のである。

当時の軍隊は士官、下士、兵卒の三つから構成されている。一九三一（昭和六）年から将校、下士官、兵という名称に変わる。軍隊を管理・指揮するのが士官であり、戦闘行動の直接の担い手となるのが下士、兵卒であった。士官と兵卒の間にあって、士官の監督・指揮のもと、兵卒を日頃から掌握していたのが下士である。陸軍の階級でいえば、曹長・軍曹・伍長に当たる。下士の養成は、当初陸軍教導団で行われていたが、これが廃止されたあとは、各部隊が担当することになった。この下士は現役期間を終了した兵卒のなかで、下士として再び志願する者のなかから採用された。農家の次男以下にとって、下士は魅力ある職業の一つだったことが指摘されている（吉田裕『日本の軍隊』）。また下士が地域社会のなかでいかに大きな存在となるか、先に述べた上等兵の例から理解できるだろう。

入院する

第二期は四月一日から始まった。ここで団兵衛に予期せぬ出来事が起こる。団兵衛は四月中旬から右手薬指の指先が疼くので、医者に見てもらったところ、ひょう疽《そ》と診断された。ひょう疽は手や足の指に細菌が感染して炎症を起こし、痛みなどが生じる病気である。練兵を休んで、毎日治療していたが、患部は良くならずむしろ悪くなっていく。四月二十四日、団兵衛は小倉衛戍病院に入院することになった。

芦屋町から輜重兵として入営したのは、団兵衛と塩田利七の二人であった。第二期より初年兵の中から上等兵候補者を選抜して特別に教育することになっており、塩田は上等兵候補者になっていた。団兵衛は病院から、塩田が夕食後に特別教育の演習に出て行くのを見送っていた。団兵衛は気が気でなかった。

　何といふ不運が向いて来たのかなー、と。一人は上等兵で満期する、自分は二等卒か一等卒でどうして町に帰れるか、世間の人に町人に村人に申し訳がないと思つた。

団兵衛が退院してようやく兵営に戻ってきたのは、七月十七日であった。入院は三カ月近くに及んでいる。ひょう疽は「一〇〇日仕事」と呼ばれたように、全快するのに時間がかかる病気だった。第二期は四月一日から六月末の三カ月間である。団兵衛は第二期が始まってすぐ入院し、退院した時は第二期が終わって、第三期が半月以上過ぎていた。つまり、団兵衛は第二期の訓練を務めることなく、ほとんどを病院で過ごしたことになる。同期のなかで、遅れをとったことは明白だった。しかし、団兵衛は次のように考えて、気を取り直した。

ヨシヨシ、病気したのは運命であり天命だ。軍隊に来て皆が上等兵になつて帰るのではない。自分とて行状がわるくて梅毒にでも罹つて入院したのならほんとに人に会はす顔もないが、自然に起つた病気で何と言つても仕方がない運命だ。この上は入院して休んだ八十五日分にと一生懸命に軍務に勉励しよう。上等兵にも一等卒にもなれぬで二等卒でもよい。軍人としての勤務には一意専心勉励してせめて精勤章なり善行証書なりとも貰つて土産にしたい、と決心した。

ここで注意すべきは、この文章が記された時期である。これは後で説明するが、兵営生活に関する文章は一九四五（昭和二十）年十月、つまり団兵衛が現役を終えて二十五年以上過ぎて執筆されたことがわかっている。あれほど上等兵になることを夢見ていた団兵衛が、当時このような達観した境地になっていただろうか。そうなるには、筆者は少し時間の経過がいるような気がしてならない。

それはさておき、団兵衛は中隊事務室へ出向き、特務曹長に日曜日や祭日の勤務を申し出た。特務曹長は曹長の上に位置し、士官に準じられている。特務曹長のはからいであろう、団兵衛は日曜日や祭日ごとに表門の衛兵として何度も勤務することになった。またよく中隊当番になった。中隊当番は士官が演習から帰るとお茶を出す、中隊事務室の掃除やお使いをすることがおもな仕事だった。団兵衛は士官の呼びかけに、ハイと大きな声で元気に答えるので、頭がスーッとする、心持ちがよいと好評だった。士官たちから、今後も中隊当番をやってほしいと要望される人気ぶりだった。

上等兵になる

九月七日から十五日まで、佐賀県東松浦郡地方へ大隊八泊行軍が挙行された。団兵衛は入院中で部隊教練は習っていないので、みんなと同じ行動はとれないだろうという理由で、この行軍から外れていた。団兵衛は行軍から外されると、また同期兵に遅れるので、同行させてほしいと班長や教官に要望し、許可されている。

一日目の宿泊は予定通り、芦屋町だった。団兵衛は厩当番長に許しを得て、実家に帰宅している。昨年十一月三十日以来であった。祖父の藤平はもう寝ていたが、台所の上がり口まで出てきて、立派な兵隊さんになったと涙を流しながら抱きついたという。これが生前の藤平と会った最後になった。藤平はこれから約二カ月後の十一月十日に死去する。団兵衛はもちろん入営中であり、実家からの手紙によって知った。

二日目は糟屋《かすや》郡の古賀駅前で宿泊した。団兵衛はこの日の行軍中に靴擦れをおこし、両足の裏にマメを五つもつくってしまう。長い入院中に靴を履くことがなく、また半長靴で歩いたことが原因だった。軍医にマメを切開してもらい、薬を塗ってもらったが、歩くのに苦労した。宿舎では床の上を這い、便所へ行く時だけじっと立って、柱や壁によって爪先立ちで移動するという有様である。

翌日からの行軍は、足の痛みを我慢しながらであった。靴は無理なので、草鞋を買い求めて履いたが、足の裏がつかないよう、馬にぶら下がるようにして歩いた。中隊長や教官から何度も乗馬を勧められたが、その後も歩き続け、行軍の八日間すべて馬を牽いて帰営した。のちに、大隊長の講評において、団兵衛は「退院後日も浅きに両足に大靴傷をなしつゝも、八泊行軍の難路も、輓馬を輓きて立派にやり通した。この精神が軍人には最も必要だ、一般の模範である」と賞賛されている。

もう一つ、エピソードを紹介しておきたい。毎週土曜日ごとに何らかの検査があることは、既に述べた。九月のある土曜日、団兵衛は演習中に呼び戻された。兵営に帰ってみると、中隊長はじめ特務曹長、被服係の士官や下士が被服検査を行っているところだった。中隊長からお前の手箱の中に破れた靴下がいっぱい詰まっているが、これはどうしたのかと尋ねられた。団兵衛は中隊点呼の時に、靴下は破れても捨てるな、他人が捨てたものでも拾ってしまっておけと言われたので、洗濯場近くで捨てられているのを拾ったものである、と答えている。それを聞いた中隊長は、よく点呼の話しを守ったと賞め、団兵衛の所持していた靴下を新品の靴下と取り替えるよう、被服係に命じている。

靴下の支給は限られていて余分はない。私物で靴下を揃えると、厳しく叱られる。靴は古く、土壌は粘土質で、靴下はすぐ汚れるし、破れてしまう。団兵衛の振る舞いは、兵営のそうした事情において、推賞されることだった。

団兵衛は十一月二十一日一等卒に、さらに十二月一日上等兵に昇進した。同期で十四、五人だった。中隊は一〇〇人余りなので、成績上位一五％に入ったのである。入営二年目で上等兵になるのは、最高の出世だった。

団兵衛は第一期検閲の結果は好成績だったが、第二期から第三期にかけて入院していたので、成績はビリになっていると思っていた。そこで日曜日・祭日も勤務して、入院した分まで取り戻そうとした。二等卒のままでもかまわないので、一生懸命勉励して帰ろうと決心した。それゆえ、団兵衛は上等兵に昇進したことを「ほんとに夢ではないか」と思った。また上等兵はそれだけ責任ある立場になるが、初年兵のような辛苦はなくなって、心身は楽になる。たとえば、演習は徒歩ではなく、乗馬で過ごすことができ、体力の消耗が全く違う。団兵衛は「苦は楽の種子とはこの事か」と改めて記している。

補充兵を教育する

団兵衛は一九一七（大正六）年十二月一日から三カ月間、中隊事務室で特務曹長の助手として勤務した。その後、一九一八年三月一日から翌年二月末までの一年間、初年兵や補充兵の教育係を務めた。団兵衛は入営して一年余り、つまり二年兵で教えられる側から教える側へ変わったのである。

一九一八年にシベリア出兵が始まると、八月二日小倉の第十二師団に動員が命じられた。臨時編成第十二師団は、門司港から出発し、ウラジオストックに到着している。団兵衛が所属している第一中隊からも出征することになった。

ところが、団兵衛の名前は出征の名簿にはなく、補充兵の教育係としてそのまま残ることになっている。団兵衛はその夜から中隊長に出征を嘆願、なかなか承諾してくれないので、五日続けて出向いたという。団兵衛は自分は独身であり、妻子ある同僚は現地に残して、その代わりに出征を命じてくれるようお願いした。中隊長はすべて

補充隊の兵舎にて。団兵衛が補充兵の教育係だったころである（1918年10月23日撮影、安高家所蔵）

は上からの命令で、変えるわけにはいかない、補充兵に召集された者たちは、みんな現役兵より年上の者ばかりで、彼らに教育しなければならない、しっかりやってくれと諭した。

補充兵は現役兵に欠員が生じた時及び戦時に召集される。また服役年限は、徴兵検査後十二年四カ月であった。当然、補充兵は現役兵より年上になっている。団兵衛は中隊長の頼みを受け入れ、出征を断念することにした。こうして、団兵衛は第一班の四十五人を教育することになった。

補充兵は当然団兵衛より年上ばかりで、教育するのに気をつかっている。第二班は三年兵の上等兵が教育係であったが、毎夜消灯後に竹刀の音や頬を張る音がしていた。内務班で古兵が新兵を鍛えていたこと、しばしば私的制裁（リンチ）を加えていたことはよく知られている。団兵衛はすべて「愛と厳正」をもって教育したという。そのためであろうか、昼間の演習で、第一班は「シツカリやらねば上等兵殿に対し相済まぬと言ふ気が一杯」で、他班より出来が良かった。第一班のメンバーは、他の班ではなく、団兵衛の班に入って良かったと喜んでいたらしい。

動員から三カ月が過ぎた十一月十一日、復員が命じられた。シベリアに出征した兵士たちも次々に帰ってきた。団兵衛は復員した兵士から一度も敵と会わなかったと聞いて、シベリアへ雪見物に行ったようなものかといった感想を抱いている。

団兵衛が教育した補充兵たちも召集を解除され、故郷に帰っていった。その翌日、補充兵三人が団兵衛と助手の二人に対し挨拶に来ている。そして三つ組の盃（朱塗りの三葉葵の紋章入り、箱入り）を、在隊時のお礼にと贈られた。補充兵三人は「あなた方お二人の親にも兄にも優ると言ふ程の愛の真心を以て教育をして下さつて、愉快に軍隊生活をする事が出来まして、在隊の時から三人で話し合ひして粗末乍らこの盃を注文して」いたので、納めてほしいとのことだった。また記念にと、全員で写真撮影をしている。団兵衛は帰郷した翌日は、村人や親族がお祝いをするのが恒例であるにもかかわらず、記念品を持参して面会に来てくれて、「実に思ひがけない事で自分等も嬉しかつた」と記している。

動員中は補充兵の教育に大変忙しかった。ある上等兵は、よく柵を越えて、夜遊びしていたが、団兵衛は日曜日や祭日であっても、公用か余程の用事でなければ外出しなかった。班内で写真を整理したり、手紙を書いたりした。馬の運動にと小倉の延命寺、戸畑の中原公園、菅尾の滝へ行くのが楽しみだった。団兵衛は「大隊一の糞真面目上等兵」と噂されたが、少しも苦にせず、快活な兵営生活をおくっている。

伍長勤務上等兵になる

一九一八（大正七）年十二月一日、団兵衛は伍長勤務上等兵に昇進した。これは上等兵のうちの優秀者を下士最下位の階級である伍長の勤務に服させる制度であった。団兵衛は右腕に着けていた三つの精勤章を返上し、左腕に金色の矢羽根の腕章を着けた。これからは下士勤務になり、週番下士か衛兵司令になるはずだった。ところが、十二月一日に入営する初年兵の教育係になった。今回で教育係は四回目である。ようやく週番下士、衛兵司令の勤務になったのは、翌年三月一日からだった。

団兵衛は中隊の六泊行軍の時に、炊事軍曹を命じられている。炊事は必ず飯盒を用いて行った。いわゆる飯盒炊さんである。毎日午後になると宿営地に先乗りし、各役場兵事係の協力のもと、宿舎割を行い、馬繋場、炊事場の位置を選定し、中隊が到着するまでにそれぞれ表示しておいた。中隊が到着すると、小隊・分隊から炊事係当番一人を集めて、飯盒炊さんのための壕を掘った。中隊一〇〇人あまりの夕食をつくり、さらに翌日の朝食と昼食の二回分の食事をつくって全員に渡す。すべてが終わって宿舎につくのは、午後九時ごろであった。

団兵衛の乗馬姿。馬名は「大地」。左腕に矢羽根の腕章がみえる（1919年10月26日撮影、安高家所蔵）

団兵衛の衛兵司令勤務について説明しておこう。衛兵司令の当番になると、一枚の洋紙を渡される。団兵衛は洋紙の表裏に、歩哨（三カ所）の勤務割、衛兵所立哨の順番割、仮眠割、門の出入り時間、巡回した時の所見など余白がなくなるまで、びっしり細かい字で書き込んだ。そして、その記録は自分の書類綴りに綴じ込んでいた。つまり、団兵衛は衛兵司令に関する記録を作成して、保存していたのである。

とくに門の出入り時間について、いくつかのエピソードが残っている。団兵衛が衛兵司令勤務時に、ある士官から用事があって定刻より早く帰るが、都合が悪いので遅く出たようにしてくれと頼まれたことがあった。団兵衛の上司になるので、その場を繕っているが、結局は申し出に応じることなく、実際に出門した時刻を記入している。また一方で、部隊や士官から、今日は安高（団兵衛）が衛兵司令だから、いつ誰が出門したか、あるいは出門していないかわかるから聞いてこいと命じられて、よく兵卒が尋ねてきたという。

ある時、特務曹長が団兵衛の衛兵司令の記録を一枚借りていったことがある。特務曹長は大隊の下士たちに対し、この洋紙を見せながら、団兵衛が勤務中に記録をとっていることを説明した。そして勤務の模範として、次のように賞賛した。

タッタ一枚の洋紙だが裏表を利用して綿密に記入してあるが、斯ういふ様にすれば、自然勤務は確実に完ふすることが出来るのだ。皆諸君も衛兵司令についた時は斯ういふ様にやれ。

団兵衛は何事も厳格に行うので、真面目過ぎて融通が利かないと思っている人もいたであろう。時間の操作を依頼した先の士官は、気分を害してはいないだろうか。団兵衛もまた「自分が衛兵司令になつて行くと、すべてを規律正しくやるので将校も時には困るらしい」と記しているのが、この人らしい。

団兵衛は初年兵の時、二・三年兵の世話までしてとても忙しかったので、二・三年兵になったら何でも自分でしようと考えていた。初年兵が床を上げましょうと言ってきても、いつも床は自分で上げた。それは団兵衛が初年兵の教育係の時でも、下士勤務の時でも変わらなかった。二・三年兵が自分でするのだったら、初年兵も少しは楽になると思うが、なかなかその通りにはいかなかった。同期兵はそんなに糞真面目にして何になるかとよく言ったが、団兵衛は三年間ずっと自分のことは自分でするようにしてきた。

そんな団兵衛のモットーは、次の通りだった。これもまた少し時間の経ったあとの信条と言えるだろう。

それで新兵の時に忙しいでも腹がへつても人並の事だから、この時に少し奮発して人より余計に勉励しておく事が、二年兵になつて楽をするのである。この道理は軍隊に限らず社会の実業に就いても同じである。人より少しづゝ余計に勉強することである。それが先に進級する基になるのである。

退営する

一九一九（大正八）年十一月二十日、団兵衛は三年間の兵営生活を終えて、故郷へ帰ることになった。団兵衛は兵営帰りの土産として、「下士適任証書」と「善行証書」を手にしている。下士適任証書は、もし団兵衛が出征したら、伍長に任官され、少数であるが部下をもつ分隊長になることができる書類である。ごく少数の者のみ授与された。善行証書は、在営中に勤務勉励、成績優秀、品行方正で他の模範となる下士・兵卒に与えられた。この証書を授与されるのは、退営者の数パーセントと言われている。そういう価値もあってだろう、就職や結婚の身分保障になった（吉田裕『日本の軍隊』）。団兵衛は最高の成果を収めて、兵営を後にしたのである。

午前八時、団兵衛は新調した私製の軍服に着替え、各年兵の見送りを受けて営門を出た。福蔵が営門の外まで迎えに来ていた。自動車に八人相乗りして、小倉駅へ向かったが、道中は退営者で混雑していた。小倉駅も同じく退営者でごった返していて、団兵衛はようやく列車に乗り込んだ。よく馬に乗って来ていた中原公園を過ぎ、幼いころから眺めていた足立山を仰ぎつつ、遠賀川駅で下車した。町の有力者、生徒、青年ら多くの町民の歓迎を受け、自宅に帰ったのは午後一時であった。翌日は帰郷の挨拶回りを精力的に行い、その合間を縫って礼状を認めた。

団兵衛の手記のなかに、大隊長以下曹長、軍曹、輜重兵それぞれ三者に宛てた手紙の下書きが残っている。前二つは十一月二十一日、三つ目は十一月二十二日の日付が記されている。ここでは、輜重兵宛の手紙「兵営に残リシ輜ちゃんに御礼旁々退営情況を報ず」を紹介しておこう。

四角い生活から俄かに圓い生活に移りし事故、万事妙な心地が致します。第一点呼と言ふものなく、何となく間のぬけた様な感がする。三ヶ年も経った後に思へば早かった様だか、矢張り長かったらしい。村の模様もずいぶん変って居る。（略）永い間地方流を遠ざかった身には、或ひは兵語を以って人に接し、或ひは人に挨拶するに帽子も脱かずに手を挙げようとしたり、色々の滑稽を演じます。入営当地は靴傷して中々困ったが、今では靴でないといけぬ。（略）旁々軍隊生活が尚ほ恋しく思はれます。「輜重兵は意気なもんだよ。長い軍刀に長靴、拍車、栗毛の馬に打ち乗りて」と言ふて居たのが、さあ、是れからは手拭、捻ぢ鉢巻で足にや草鞋で愉快でした。

（安高文書）

郷里に戻ってきたが、兵営で身についた挙措動作を思わずやってしまう、すぐには改まらない、そうであるにもかかわらず、農民として働かなければならないとユーモラスに表現している。手紙の最後は、次のように締めくくっている。

此の上は、勅諭の御趣意を奉體して我が業務に勉励すると共に、在隊間に修得せし難苦欠乏に耐ゆること、厳格なる起居及職責に努力せし良習慣を大いに率先窮行して郷党に普及し、国民の軍事思想を啓発し、軍人精神の鍛練、軍事知識の増進に努めて、在郷軍人たるの本分を尽し、一朝事ある時は何時にても、君国の為めに忠節を尽す覚悟にて御座います。

（安高文書）

筆者はこの後半部分に注目したい。団兵衛には、兵営で習い覚えた「難苦欠乏に耐ゆること」及び「厳格なる起居及職責に努力せし良習慣」を、郷里で自ら進んで実践し、模範となってリードしていこうとする意気込みが感じられる。つまり、団兵衛のいう忍耐の精神や規律ある生活を兵営だけの特殊なものとするのではなく、郷里の人々にも広めようとしている。これはもはや信念と言ってよいだろう。さらに在郷軍人として、軍事面で郷里に貢献するだけでなく、国家に尽くすことを表明しているのにも気を留めておこう。

続いて団兵衛の日記（十一月二十一日）には、身近な人から聞いた話として、次のような記述がある。

村に滞納者が多い層だ、又若い者であまり行ひのよくない者があると聞いて、大いに奮慨に堪へなかった。さあ此後は一つ、我が模範となって、此の村粟屋を有利に発達せしめ栄えせしめねばならんと深く決心した。（安高文書）

団兵衛が兵営で過ごしたのは、二十歳から二十三歳までの三年間であった。団兵衛にとっては高等小学校を卒業したあと、新たに入った「学校」のような存在だったのではないだろうか。この「学校」が人生の原点となり、その後を決定づけたように思われる。この点は、追々明らかにしていきたい。

新たな記録を始める

団兵衛が退営後に始めたのは、記録を採ること、記録を作成することだった。やや時間差はあるが、全部で左記の九種類である。

◎一九一九（大正八）年十一月二十日以降
（1）『就寝時間入浴回数統計簿』
（2）『金銭出納簿』
◎一九二〇年一月一日以降

（3）『家業日誌』（当初は『家業実施表』だが、数年あまりで名称を変更しているので、『家業日誌』と通称する）
（4）『農業統計表』
（5）『晴曇雨雪統計表』
（6）『八幡下肥採取統計表』
（7）『文通交際発信受信月日表』
（8）『家族健康他行休業統計表』
（9）『家畜就業統計表』

以上について、簡単に紹介しておきたい。
（1）は毎日の睡眠時間（何時に寝て何時に起きたかも記録している）、そして入浴回数を記録したものである。とくに前者の睡眠時間については、改めて説明する。（2）は冒頭に凡例を設け、金銭の出納を「支出部」と「収入部」に区分し、さらに項目を立てて分類している。この凡例にもとづき、毎日一件ごとの支出入を記入し、差引残高を出している。そして一年単位で、月別項目別に整理し、合計を算出している。この両者は退営直後から始めている。
（3）はこのあと詳しく説明したい。（4）は米、麦、雑穀、野菜など農作物の帳簿である。（5）は文字通り、晴れ、曇り、雨などの天候、さらに風向きを毎日記入している。そして一年間の統計を作成している。（6）は各家庭下肥の採取日、採取量、謝礼金などを記録している。野菜を売りに行った先で下肥を汲んで帰ってきており、両者はセットになっていた。以前は芦屋町の市街であったが、このころから八幡市中まで出かけていた。なぜ遠い八幡市まで出かけたのか。八幡市は八幡製鉄所の拡張とともに膨張し、人口一〇万人を超える都市になっていた。野菜は高く売れただろうし、下肥を手に入れるのに困らなかったであろう。（7）は郵便物の発受信を記録したものである。（8）は家族の健康、他行、休業を記録したものである。他行とは旅行、寺社参詣、見物などであり、休業は祝休日、宴会などで家業を休むことが該当する。これをつけることによって、家業に従事した日時がわかるという。（9）はもともと（8）の付録としていたのを、分離して独立したものである。

これらの記録はすべて凡例、つまり記入方法が記載されている。たんに記録するだけであれば他にも少なからずいるだろうが、これだけ整理、分類している人はめったにいないだろう。つまり、団兵衛のやり方であれば、最終的に集計して分析することが可能なのである。また記録は、毎日つけておかないといけないものばかりである。これは容易なことではない。日ごろから片時も忘れることなく、意識し実行しなければならない。さらに三日坊主ではなく、続けないと意味がない。こうなると、生き方そのものである。驚きを禁じ得ない。
（3）の『家業日誌』について、少し詳しく説明しておこう。団兵衛は一九二〇年一月一日から家族全員を対象とする日誌をつけ始めた。A3用紙ほどの大きさだろうか、横を一週間として七日に分け、縦を午前、午後、摘要の三つに大別する。さらに午前と午後もそれぞれ二つに分ける。そうして、誰がどういうことをどれだけ作業したのかを記入する。時間は分単位である。団兵衛は在営時の「演習学科予定実施表」をモデルに、この日誌を記し始めたという。団兵衛は自分だけでなく、家族の全員にした理由について、次のように述べている。

一家中の家業日誌になると、一家中の者の勤惰表となり、それにも増して作業も家事の方も細大漏らさず記入するので、之を種目別に集計すると農業経営の計画を立てるのに、又耕種改善する上に有益な資料となります。それで一ヶ年記入して集計して見たら、もうなかなか記帳が止められぬのであります。

つまり、家族全員のあらゆることを記録しておくと「勤惰表」になるし、また項目別に集計しておくと、農業経営を計画し、実行するのに都合がよいということであった。『家業日誌』は、家族の働き方と農業経営にとってプラスに作用する。団兵衛にとって、こん

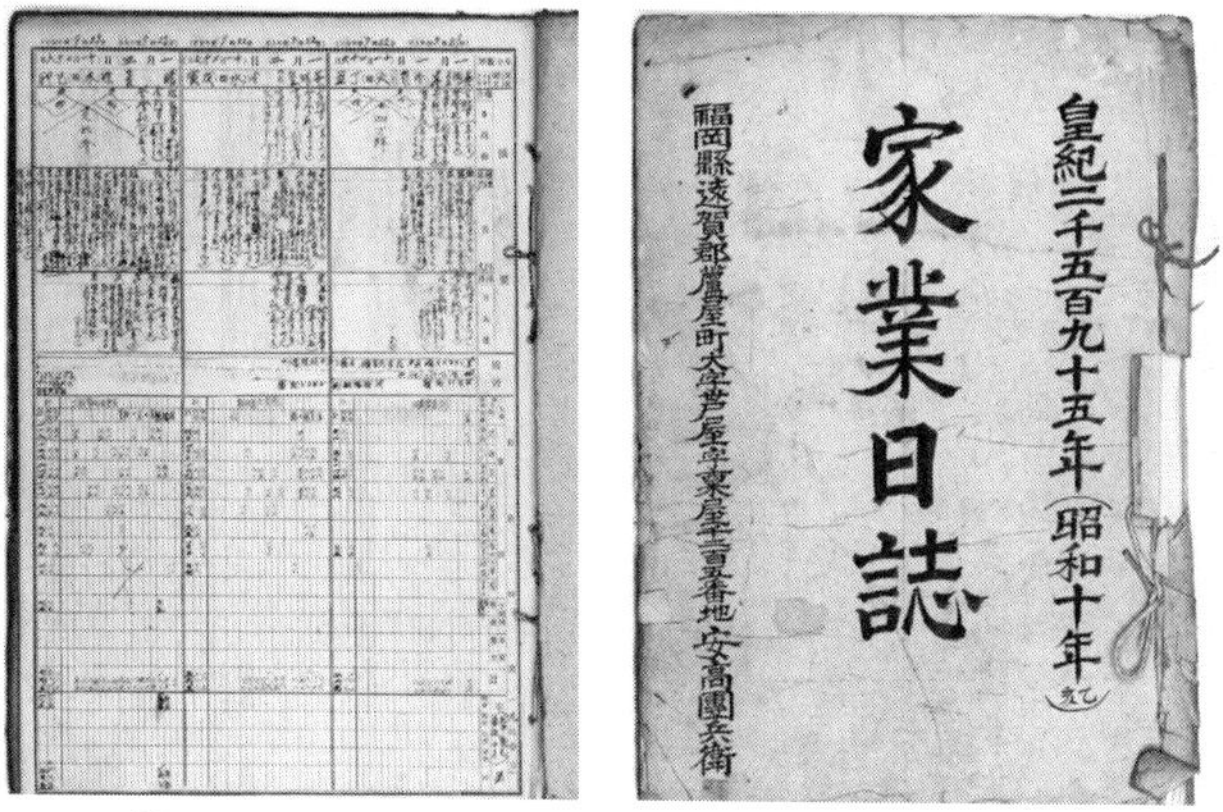

『家業日誌』には、家族一人ひとりの仕事内容と労働時間が細かく記録されている

な都合のよい記録はない。

しかし、家族にとってはどうだっただろうか。『家業日誌』を正確につけると、一人ひとりの働きぶりが明らかになる。つまり、誰が働いていて、誰が働いていないか、一目瞭然となってしまう。団兵衛が記入者であり、また虚偽なく正しくつけないと意味がないとしているので、なおさらである。おそらく福蔵はこのことに嫌悪したのではないだろうか、作物は働きさえすれば育つ、俺のした仕事など記帳するな、日記をつける時間があれば働けと喧しく反対した。団兵衛も一九二〇年一年間は続けるが、翌年は中止してしまう。

ただこれで終わらないのが、団兵衛である。農業を改善するためには、一家の労力配分をどうするか、これによる耕種の変更などを想定しなければならない。また経営上、家族の農事、家事、さらに公務まですべて記入している日誌は必要だと思い直した。そこで一九二四年から、「其の主旨が一家の繁栄の為にする事だからと心では父の言ふ事にそむく不幸を詫びつつ」再び始めた。家族の迷惑にならないよう、みんなが寝ている朝早くと夜遅く、記帳することを心がけた。団兵衛が昼間に不在だった時は、夜間に妻が縫物をしながら小声で話すのを書き留めた。福蔵は大層機嫌が悪かったという。

こうして、団兵衛は一日も漏らさず、家族の記帳を行った。記帳の効果は農業と家事の実績に少しずつ現れ始めた。家の借金を返済する、小作から自小作になるよう田畑を買い求める、少額ながら貯蓄も増える、といったようにである。

一銭でも五厘でも漏らさず記帳して一年の集計をして見ると一家の経済の実情が鏡にかけた様に分り、一々改善も出来、予算も組まれ、「計算合つて金足らず」といふ様な事は起らぬ。経済更正も一家の繁栄も記帳から始まると言ひたい。働きさへすればよいと言ふても記帳して働けば尚効果が早く現われ其の効果が多いのである。

日誌の効果が明らかになったからなのか、その理由はよくわからないが、福蔵は次第に反対しなくなり、ついに何も言わなくなったという。団兵衛の粘り勝ちといったところだろう。

なお、団兵衛は親族にも日記を勧めるが、ほとんどは一年と続かなかった。団兵衛は、子供が幼少のころから記録する習慣をつけることが必要だとしていた。自分の子供たちには、尋常小学校二、三年生（八、九歳）のころから懐中日記を買い与えており、日記と金銭出納を記入させている。

結婚する

一九二〇（大正九）年二月二十八日、団兵衛は広渡繁木・サヨ夫婦の次女リキノと結婚した。広渡家は芦屋町の隣、岡垣村大字吉木にある。団兵衛は二十三歳、リキノは二十歳であった。団兵衛は退営して、わずか二カ月あまりであった。

団兵衛によると、四、五年は独身のまま、各地の農事を視察したり、研究したりしたいと考えていた。しかし、両親が頻りに結婚を勧めるので、二人を安心させるために決意した。そして妻の選定については、団兵衛はいくつかの条件をつけて両親に任せた。妻となったリキノは、幸い団兵衛のよき理解者で、よき働き者であった。また夫婦は、翌一九二一年に誕生した長男藤吉をはじめ、九人の子供（五男四女）に恵まれた。

このころの団兵衛は、結婚して家庭をもち、農業に精を出すかたわら、在郷軍人として活躍していたようである。一九二〇年四月、在郷軍人会芦屋町分会の粟屋班長に就いて以来、在郷軍人会の役職を務め、その働きに対したびたび表彰されていた。

一九二五年三月十日、大阪毎日新聞社は「在郷軍人の士気を振作し国家観念を喚起する一助」として、九州に存在している三師団（第六、第十二、第十八）管内の模範在郷軍人十七人を表彰した。彼らは大阪毎日新聞社が軍当局にその篤行の調査を依頼して、選ばれた者たちである。第十二師団管内五人のうちの一人が団兵衛であった。団兵衛は在郷軍人として五年あまり経っているが、その功績が認められたのであろう。新聞には名前だけでなく、顔写真も掲載されている。団兵衛はそれまでの働きを讃えられ、その意を強くしたことだろう。

第三章　昭和戦前期の団兵衛〈三十歳から五十歳まで〉

1　記録類の数々

記録類の手引き書

安高文書に、団兵衛が作成した『我か記帳種別と其記帳法』という冊子がある。表紙に「皇紀貳千五百九拾六年五月下旬編」と筆記し、その下にペン書きで「昭和拾壱年五月下旬」とある。表紙に皇紀と元号の両方が記されているが、皇紀がメインになっているのは言うまでもない。それはともかく、この冊子は一九三六（昭和十一）年五月下旬に作成されている。

皇紀は日本書紀に記された神武天皇即位の年を元年として定められた。皇紀元年は、西暦でいうと、紀元前六六〇年にあたるとされる。皇紀の紀元を明確にしたのは、一八七二（明治五）年に太陽暦を導入した時だが、直ちに広まったわけではない。一般には長い間元

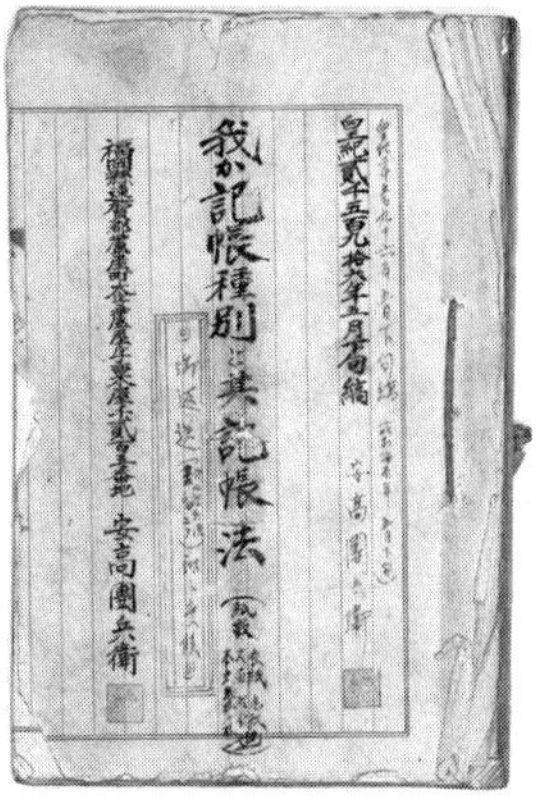

皇紀は墨、元号はインクである。返送を求めた文章を赤いインクで囲んでいる

号が通用していたが、昭和になってから皇紀が多用されるようになった。代表的な例が、皇紀二六〇〇（昭和十五）年である。神武天皇即位二六〇〇年を祝って、政府主催の記念事業が実施されたことはよく知られている。

　団兵衛は早くから元号と皇紀をともに用いており、多くの人が元号のみ使っていた当時においては珍しかった。さらに戦時中になると、皇紀の表記が前面に出てきている。ちなみに、団兵衛は皇紀をほとんど用いなくなった戦後においても、依然として使っているのを確認することができる。つまり、団兵衛は生涯を通して皇紀を使い続けていた。団兵衛の歴史観、皇室観を理解するのによい材料であろう。

　表紙をめくって一枚目から読んでみると、団兵衛の記録について問い合わせがあり、それに答えるために団兵衛自ら作成したことが記されている。さらに読み進めると、数週間前に発行された『主婦の友』五月号に掲載された団兵衛に関する記事（タイトルは「北九州の国宝的篤農家」）に触発されて、団兵衛へ問い合わせの手紙を送ったことがわかる（ただ残念ながら、それが誰なのか、どこなのかは今のところわからない）。またこの冊子が安高文書に残っているのは、団兵衛がこの冊子を依頼者に送付すると同時に返却を求めたためである。

冊子はコクヨの罫紙三十八枚からなり、右端を紙縒で綴じている。すべて鉛筆で記されているが、年月が経っているためか、判読が難しいのも多い。また十一の質問を受け取ったとしているが、内容を検討してみると、記録の種類、記入方法の二つしか答えていないように思われる。

この冊子の詳細については、別の機会で説明することにしよう。筆者が注目したいのは、団兵衛が一九三六年五月にどんな記録を、どんな方法で作成していたかがわかることである。団兵衛は当時十六種類の記録を作成中であった。それらを作成の早い順から挙げてみよう（括弧内は原文通り。前章で取り上げた記録が続いているのは、①から⑦までである）。

①『金銭出納簿』（自分一人のものは十一才の時より三十才頃迄、一家のものは高等小学卒業後ヨリ現在迄、但し現在の様式のものは大正八年十一月二十日現役兵満期帰郷の日より今日迄）
②『農業作物別耕作明細表』（大正初年ヨリ）
③『文通交際発信受信月日表』（大正七年ヨリ今日迄）
④『就寝時間及入浴回数統計表』（大正八年十一月二十日現役兵満期帰郷の日より今日迄）
⑤『家業日誌』（大正九年及大正十三年一月一日以降今日に至る）

⑥『晴曇雨雪（天候）統計表』（大正九年一月一日以降）
⑦『八幡下肥及雑肥料採取統計表』（大正九年三月（初回）より現在迄）
⑧『国家、町、村、区内、家庭ニ於ケル重要記事録』（幼少の年より、大正九年ヨリ）
⑨『区内ノ諸記録簿』（大正十一年より）
⑩『農業経営大要』（昭和弐年度以降）
⑪『栗屋正交会帳簿一切』（昭和弐年四月以降、発会当初ヨリ）
⑫『下肥溜壺各壺別収支表』（昭和五年以降）
⑬『家業日誌勤労表』（昭和七年度以降）
⑭『農家経済集計書』（昭和七年度以降）
⑮『区長勤務ニ関スル帳簿』（昭和九年十月ヨリ町会ギ員当選ニ付辞職スル迄）
一　区長勤務日誌　二　区会記録簿　三　金銭出納簿　四　来文書綴　五　発送文書綴　六　区会出席簿　七　貯金台帳　八　役員名簿　九　区有財産台帳
十　栗屋区戸籍謄本　十一　栗屋区近在土地台帳
⑯『町会議員関係記帳』（昭和拾年拾壱月拾五日町会議員当選以降）
一　町会議員関係書類綴　二　町会開会日各町会議員出席時刻表　三　町会議事実記録

十六種類の記録

先に指摘した通り、団兵衛は一九一九（大正八）年の退営後に九種の記録を始めている。それから十六年以上経ってみると、七種は続いているが、二種（『家族健康他行休業統計表』、『家畜就業統計表』）は中止している。そのあとに、記録を始めたのは、大正期に二種、昭和期に七種、合わせて九種の記録である。団兵衛は継続七種と新規九種、計十六種の記録を作成している。

既に紹介した①から⑦までは除き、⑧以降について説明しておこう。

⑧は日々の重要な出来事を、国家、町村、家庭、自己、親族、友人に区分して記載している。⑨は区内の出来事及び区会の議事録などを記入した記録である。⑩は各年度の家族、耕地、農舎、家畜、加工、耕作物の大要を記している。⑪は粟屋正交会（軍人会員と青年団員で結成した公共団体）関係の帳簿類である。⑫は八幡市のある家庭について、肥壺の周囲、深さ、家族などを調査して下肥量を把握し、何日目に汲み取りに行けばよいかを記帳している。⑬は毎日『家業日誌』下欄に家族各個人の仕事内容や労働時間を書き込んだ記述を一年単位で集計した記録である。また仕事で使用した牛馬の記録もある。⑭は『家業日誌』、『家業日誌勤労表』、『金銭出納簿』のデータを集計し、一年間の総決算を行う記録である。団兵衛によると、現状の課題を改善し、次年度を計画するための、基礎的な記録であるという。団兵衛は一九三四（昭和九）年十月からほぼ一年間、粟屋区長を務めている。

⑮はその間の記録類である。その後、団兵衛は一九三五年十一月、芦屋町会議員に当選している。⑯は町会議員在職中の記録類である。

十六種類のなかでは、①『金銭出納簿』、④『就寝時間及入浴回数統計表』を説明する分量が最も多く、次いで⑤『家業日誌』、⑦『八幡下肥及雑肥料採取統計表』になっている。これと対照的に、⑬から⑯までの説明は、すべて合わせて一枚で終わっている。先述した四種の記録は、団兵衛の記録の中心になっているようだ。

退営後に開始した記録類は、すべて農業と生活についてであった。たとえば、睡眠時間の記録は、たんなる生活そのもののように思えるが、労働時間、農業経営に密接に関連している。団兵衛の記録からは、農業の時間が中心になって毎日が過ぎていることがわかる。すべては農業のために回っており、記録はそのためのものと言える。また記録は、もっぱら団兵衛本人と家族のことに限られている。

その後は、農業経営及び地域や役職の記録が増えている。農業経営に関する⑩、⑬、⑭は『家業日誌』など従来の記録をもとに作成されている。とすると、新しく登場しているのは、地域や役職に関する⑧、⑨、⑪、⑮、⑯の記録であろう。一九三六年時点における団兵衛の役職について書き出しておくと、次の通りである（就任順）。

・粟屋正交会（理事兼会計）

・粟屋区納税組合長
・帝国在郷軍人会芦屋町分会副会長
・福岡県国防協会援助委員
・芦屋信用組合（部長、監事、信用評定委員）
・芦屋町会議員
・遠賀村納税組合長

以上のように、団兵衛は各種の役職や委員を務めており、それにともない記録類が作成されたのであろう。団兵衛は兵営で三年間過ごし、「伍長勤務上等兵」という最高の成果を得て退営している。そして一般的には、兵営生活を経験して、上等兵になって故郷に帰ってくると、いずれ地域社会の指導者になることは、既に説明した通りである。

改めてみてみると、団兵衛は在郷軍人会や青年団の役職から、次第に納税組合長や区長など地元のリーダーを務めており、そして芦屋町会議員になっている。団兵衛は年齢を重ねるとともに、地域社会の指導者として、順調な道のりを歩んできた。その履歴は兵営で出世し、郷里に帰って有力者となった典型的な成功例と言えるだろう。

その後も団兵衛は、次々に役職や委員に就いている。日本は一九三七年に中国と全面戦争に入り、一九四一年からアメリカと開戦して、さらに戦時体制を強化していく。そうした時局の変化にともない、各地域も早急な対応が求められている。団兵衛は郡や町の経済更正や経済計画、警防団、食料増産、翼賛壮年団の役職や委員に就いている。最後は政府が本土決戦に備えるために組織化した国民義勇隊の先頭に立つことになっていた。

実に多くの役職や委員の肩書きをもつ団兵衛。さぞや戦時中は忙しかったことだろう、農業、生活、そして役職、うまくこなしていたのだろうか。そう思うことしきりである。

・一九三七年　芦屋町軍友会（監事）
・一九三九年　県社神武天皇社奉賛会（理事）、遠賀郡経済更正臨時委員（嘱託）、芦屋町経済更正委員（嘱託）、芦屋町振興委員、芦屋町警防団（第一分団副分団長）
・一九四一年　粟屋部落会長、芦屋町労務動態調査員、芦屋町警防団（本部付分団長）、八幡下肥採用粟屋実行組合（組合長）、遠賀郡食料増産指導職員、米穀管理事務取扱員
・一九四二年　芦屋町先賢顕彰会（常任委員）、粟屋共同出荷組合（組合長兼会計）
・一九四三年　遠賀郡経済計画委員（嘱託）、芦屋町翼賛壮年団（厚生部長）、芦屋町青果物統制組合（粟屋支部長）
・一九四五年　遠賀郡伏敵挺身隊幹部、国民義勇隊副隊長・国民義勇隊戦闘隊隊長

私家版の紹介

団兵衛の記録を、もう一つ紹介したい。団兵衛が記述及び編集した冊子『私の日常信条とし実行しつゝある事の一部』（以下、私家版）である。本文は二一六頁、全体は八部で構成されている。次に目次を挙げておこう。

目次

〈1〉私の日常信条とし実行しつゝある事の一部

一、私が農業をする事に決心する迄

二、農業の趣味体得

三、不景気乗切策〔自給自足＝物の正活をすること　生産拡充＝家族労力の一倍半の計画〕

四、勤労主義（勤勉努力）

五、日夜奮励（昼夜兼行）

六、自覚し緊張して働け、時は命なり

七、農民必須の信念（利を思うな、使命を果せ）

八、皇国の荒廃我が一挙一動に在り、大いに奮励努力すべし

九、時間の観念（時間励行）（時間の利用）（時計）
一〇、質実剛健
一一、金儲けの目的と金の使ひ方
一二、勤労心と貯蓄心の養成
一三、農業の極楽化
一四、子供の教育と訓練について
一五、楽は苦の種子、苦は楽の種子
一六、感謝生活
一七、過去の大略
日記を記入し始めた動機
父母の慰安
酒について
電動力について
温床苗
妻帯
耕地の整理、改良
土地の改良、自給肥料の増産

弟の分家
結尾（理想農場の建設計画）
〈2〉芦屋観光数へ唄
〈3〉苦心談・其他
〈4〉被表彰事項
〈5〉我が体験談を講話したる箇所及び回数一覧
〈6〉我が現役兵営生活の大略
〈7〉粟屋排水路新設記録の概要工事竣成概略記
〈8〉履歴書

この私家版はいつどのようにして作成されたのだろうか。現時点でわからないことも多いが、筆者の推定を交えながら説明しておきたい。

私家版の完成年月日は、刊行物と違って奥付がないので、内容から判断するしかない。最も新しい日付は一九六六（昭和四十一）年十二月、団兵衛が亡くなったのは翌一九六七年三月である。ゆえに両者の間に完成したと推測することができる。とりあえず、完成は一九六七年としておこう。

ところで、表紙には「皇紀二千五百九十二年筆稿　皇紀二千六百一年寫記（一部追記増

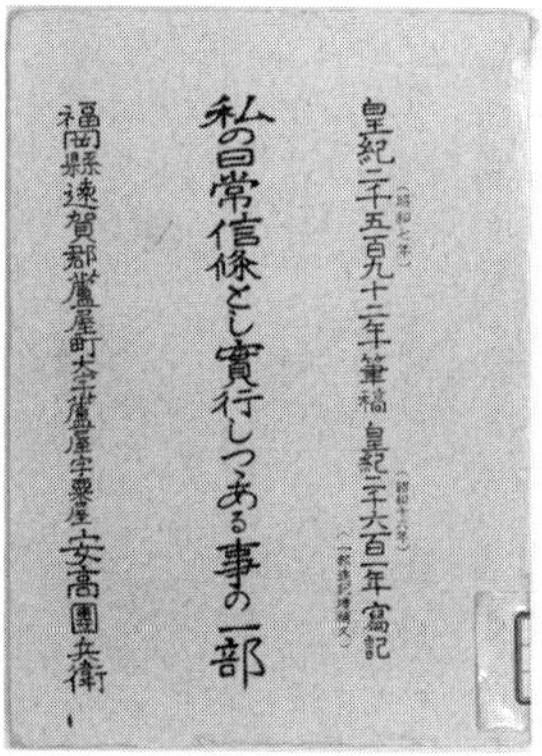

私家版の表紙。文字は印刷され、そして製本されている

補ス)」とある。そのまま西暦に直すと、一九三二年に筆を起こし、一九四一年に筆写した、つまり筆を置いたと読むことができるだろう。その一方で、一部を追記、増補したとする記載は気になるところである。そこで本文を読み込み、他の史料とつきあわせて検討した結果、私家版は戦前から戦後にかけてその都度記述したものを、団兵衛の晩年に一つにまとめたのだろうと予想している。

私家版は〈1〉及び〈2〉から〈8〉の二つに大別することができる。私家版の中心は、〈1〉「私の日常信条とし実行しつゝある事の一部」である。頁数は一二三頁、全頁数の六割近くを占めている。この部分は最も早く、一九三二年から書き始め、一九四一年に現在の内容で書き終わっている。そのプロセスをみてみると、一九三六年中にはほぼ完成しており、あとは一九四一年に最新のデータなどを加筆しているようである。

内容は文字通り、当時の生活信条を記したものになっている。一九三〇年代に入ってまもなく、団兵衛の記録作成、そして生活信条が人々に注目され、雑誌や新聞で紹介されるようになっていた(表2)。団兵衛と接することの多い農業関係者の目に留まり、次第に広まったようである。安高文書を調べると、雑誌社、機関や自治体などに依頼され、団兵

1933（昭和8）年	11月10日	37歳	「国宝的農民　十三年間の生活が一目で判る記録」『九州日報』
1934（昭和9）年	1月	37歳	「精農家列伝　驚くべき精密なる記帳と勤労により経営改善に猛進しつゝある真面目な精農家」『福岡県農会報』1月号
1935（昭和10）年	12月	39歳	「積る勤労努力の賜物」『家の光』12月号（産業組合中央会発行）
1936（昭和11）年	5月	40歳	「北九州の国宝的篤農家」『主婦の友』5月号
	7月	40歳	「北九州に隠れたる昭和の二宮尊徳」『義人烈士の面影』（金星堂発行）
	8月	40歳	「北九州の精農家　安高団兵衛君を訪ねて」『大日本報徳』8月号（大日本報徳社発行）
1937（昭和12）年	5月22日	41歳	「"お百姓百倍"と哄笑」『福岡日日新聞』
	7月 6日	41歳	「北九州の国宝的篤農家　安高団兵衛を訪ねて」『沖縄毎日新聞』（8日間、13日まで）
	7月17日	41歳	「変り種アルバム集⑦　一年間に正味五百八日働く　団兵衛さん・日記生活」『大阪毎日新聞』
	9月	41歳	「一年間に正味五百八日働く農家」『東宇農報』9月号（愛媛県東宇和郡農会発行）
1938（昭和13）年	1月	41歳	「農業経営改善に猛進しつゝある模範百姓家」『今福農報』1月号（北松浦郡今福町今福農事研究会発行）
1939（昭和14）年	11月 4日	43歳	「異色を衝く遠賀郡の巻⑬　土と汗と数字　生きてゐる時計の記録」『大阪朝日新聞』
1940（昭和15）年	4月24日	44歳	「一年を五百八日働く男　畸人団兵衛さんの物語り」『九州日報』
	6月 9日	44歳	「物言ふ"時間読本"　学ぼう芦屋の"金時計"に」『大阪毎日新聞』
1942（昭和17）年	2月	45歳	「新版全国篤農家訪問記⑫　団兵衛さんと時計」『農業世界』2月号
	8月	46歳	「篤農家との対談記　片時も書物を放さぬ　実践の人福岡県安高団兵衛氏」『富民』8月号（富民協会発行）
	11月 8日	46歳	「お百姓さん有難う　七百名を誉の表彰　輝く"食料増産の殊勲者"決る」『西日本新聞』
	11月18日	46歳	「貫く農民道の誉れ②　百姓は損得二番だ　一日廿時間働く安高団兵衛氏」『大阪毎日新聞』
1943（昭和18）年	2月 7日	46歳	「農業改善に功労誉の安高さん」『西日本新聞』
	9月29日	47歳	「頑張り通す統計家」『大阪朝日新聞』
1944（昭和19）年	6月10日	48歳	「この人を見よ②　"百姓百倍"土への愛情　家訓の実行を説く安高さん」『西日本新聞』

表2　篤農家として紹介された記事（出典：私家版、安高文書より作成）

衛が〈1〉の部分を筆写して、送っていることをいくつか確認することができる。おそらく、団兵衛は記録や信条について問われることが多くなったので、文字でまとめておこうとしたのだろう。私家版の記述は、新聞や雑誌の記事とよく重複している。

〈2〉から〈8〉の項目は、すべて一九四五年以降に記述したと思われる。ただ執筆時期は、項目ごとにばらばらである。たとえば、〈6〉「我が現役兵営生活の大略」は、一九四五年十月に膝痛療養のため、山口県の俵山温泉で滞在した時に執筆している。戦争が終わって一カ月半後であった。なぜこの時期に、三〇年近く前の兵営生活について書き残しておこうとしたのか、よくわからない。また、〈8〉「履歴書」の記載は、一九六六年一月に岡湊神社氏子総代に再選されたことが最後になっている。団兵衛は亡くなるまで、履歴書に手を入れていたようだ。

もともと、戦前にまとめていた〈1〉がある。戦後は折りにふれて、文字にしておきたいことを書いておいた。そしていつだろうか、〈1〉を軸として、戦後執筆した項目を合わせて一冊にしたいと構想したのではないだろうか。そう考えてみると、この私家版は幼少の時から始めた日記や記録とは、まったく異なるだろう。私家版は一九六七年に完成しており、いわば団兵衛の生き様を自ら文字で遺したような体裁になっているのである。

近年は自分史を作るのが、ブームだという。団兵衛の私家版は、誕生してから死去するまでを、年代順に記述したものではない。その点は、自分史に限らず、いわゆる伝記や回想録とも異なるようだ。ただ一般的にイメージする体裁と多少違っていても、自分はこう考え、こう生きたという内容を強くもつ自分史と言えるだろう。

団兵衛が作成している記録類は実に多様であり、なかには若いころから続いているのもある。そうした記録類をなぜ作成しているのか、日誌や書類そのものに求めてもほとんどわからない。それに対し、私家版はその理由について説明していることが少なからずある。私家版は新聞や雑誌の記事と合わせて、団兵衛の「人となり」を理解する最も重要な史料になっている。

あと私家版を読んでいると、都々逸、和歌、鴨緑江節、民謡を所々で目にする。自作のものと他作のものがごっちゃになっているが、とくに都々逸は数も多い。それも団兵衛の信条そのものを表したようなものばかりで興味をそそられる。都々逸は、江戸時代末期に七・七・七・五の形式で成立した定型詩である。おそらく自作?と思われるが、私家版に記載している都々逸をいくつか紹介しておこう。

生きて居る間に　よく働いて　死んでゆつくり　休みたい
金のなる木は　何から育つ　つとめはげめの　芽からなる
時は金ぞと　働く人にや　貧乏神も　追ひつかぬ

2 「時間」の観念

一年に五〇八日働く?

団兵衛は新聞や雑誌によって、しばしば紹介されているのは既に述べた。団兵衛は「精農家」「篤農家」と評されることがほとんどである。記事には、「土と汗と数字　生きてゐる時計の記録」(『大阪朝日新聞』一九三九年十一月四日)、「物言ふ〃時間読本〃」(『大阪毎日新聞』一九四〇年六月九日)などの見出しがつけられ、〈記録魔〉団兵衛としての側面を伝えようとしている。それらのなかで、「一年間に正味五百八日働く」(『大阪毎日新聞』一九三七年七月十七日)という見出しに目がとまった。もちろん、一年は三六五日なので、五〇八日とはどんなからくりになっているのだろうと思ったのである。調べてみると、なるほど次のようなものだった。

○農業勤務日数……三七七・八六日（一日平均十一時間）
○家事勤務日数……一三〇・二六日
（内訳　書記帳計算勤務……四八・七一日、公務勤務・交際・一家の祭事・雑務……八一・五五日）
◎農業及び家事の合計勤務日数……五〇八・一二日（一年間）

このデータについて説明しておこう。まず一日平均十一時間とはどういうことだろうか。団兵衛によると、「私の家業日誌の計算では何時も『日の出から日の入りまで』を一日の勤務時間《但し昼食時間と食後休憩迄の一時間を差引く》として計算して居る」のであった。つまり、季節によって異なるが、日の出から日の入りまで一日の平均はほぼ十二時間である。そして昼食と休憩の一時間を差し引いた十一時間を、団兵衛は一日の勤務時間としているのであった。

そう理解して、もう一度数字を検討してみよう。農業が三七八日ということは、農業労働に費やす時間が一日十一時間を超えているということだろう。農業の三七八日に家事の一三〇日を加えると五〇八日になる。

一年間に正味
五百八日働く
團兵衛さん日記生活
變り種

団兵衛は「変り種」の一人として、取り上げられた。記事は問答形式になっている（『大阪毎日新聞』1937年7月17日）

ここで驚くことに、団兵衛は一年中昼も夜も働いたら七三〇日になるという。これはどういうことだろうか。七三〇日は三六五日のちょうど二倍である。先ほど確認したように、団兵衛は一日に十一時間、一年間続けて三六五日とみなしている。とすると、七三〇日は一日に二十二時間働くということになるだろう。団兵衛は最大で七三〇日働くことができるのに、五〇八日しか働いていない、あとの二二二日は食事や睡眠やそのほかのことに使ってしまっていると嘆いている。

そもそも団兵衛は、人間はなぜ寝るのかに疑問をもっていた。限りある人生の相当な時間を、寝ることに費やしていると惜しんでいる。時間は限られているのでもったいない、もっともっと働くことができるということだろう。体が二つあればとか、一日が三十六時間あればと思うことはある。また睡眠時間を削ることは、よくやる手だろう。何とかやりくりする。ただそれ以上、どうこうすることはほとんどないだろう。団兵衛は一年間単位、一日単位で基準を設定し、どうしたらよいか考え、実行しようとする。このように、団兵衛には物事を極限から発想する癖があるが、その思考法を覚えておきたい。

本論に戻って、具体的な時間に換算して計算してみよう。農業と家事の合計日数が五〇八日、これを一日に直してみると十五時間二十分ほどになる。一日二十四時間から十五時間二十分、さらに睡眠時間の五時間四十分を差し引くと、残りは三時間になる。この三時間は、どんなことに使っていたのだろうか。もっとも、食事や入浴にほとんど費やしたことだろう。なお、家事のなかに「書記帳計算勤務」に四十九日とあるのが目につく。これを記録作成の時間として、一日に換算してみると、一時間三十分弱になる。毎日となると、少なくない時間だろう。

さらに注目したいのは、一日の勤務時間を「日の出から日の入りまで」と設定していること、ただし一時間の単位は均一であることである。まず前者は、江戸時代まで使っていた不定時法の基準を採用している。不定時法とは、日の出から日の入りまでの昼間の時間、日の入りから日の出までの夜間の時間、それぞれ十二時間として計算する方法である。ゆえに、当然のことながら、不定時法では季節によって一時間の長さが変わってくる。農業を生活の中心とする社会では、太陽と自然のリズムによって設定された不定時法は、最も適した時刻制度であるといわれている。

一方、定時法とは、季節や場所にかかわらず、時計の進み方にともない、一日の時間を均一に等分している仕組みである。定時法の考え方は古くからあるが、機械時計が普及することによって、ヨーロッパでは十五世紀ごろに不定時法から定時法の転換が起こっている。日本は一八七二(明治五)年十二月に太陽暦を導入し、定時法の社会へと変わった。

改めて団兵衛の記録をみてみると、不定時法の枠組みを採用して、定時法による時間の計算をしているのがわかる。団兵衛は、冬の短かい時は約十時間なので、昼食と休憩の一時間を引いた九時間が一日の勤務時間であり、反対に夏の長い時は約十四時間三十分なので、同じく一時間を引いた十三時間三十分が一日の勤務時間であるという。ゆえに、冬は一日を超えるのは容易だが、夏はなかなか一日にならないので、もう少し働かないといけないとしている。団兵衛は毎年六月から十月にかけて、農業の勤務時間が長くなり、その影響で睡眠時間が短くなる傾向にあった。定時法が導入されて、しばらくたっているわけだが、いわば両制度の折衷的な使い方をしており大変興味深い。

ちなみに、こうした「日の出から日の入りまで」を超えた働き方はどうなのだろう。農民の生活として、不自然であったのではないだろうか。もっとも、見方を変えれば、団兵衛は定時法を導入した社会システムに適応した人物と言えるであろう。

睡眠は五時間四十分

団兵衛が睡眠時間の記録を取り始めたのは、退営した日、つまり一九一九（大正八）年十一月二十日からであった。この日から一九三五（昭和十）年十二月三十一日までの睡眠時間の合計は、三万三一四三時間一一分であった。足掛け十六年に及ぶ日数五八八四日で割ると、一日の睡眠時間は五時間四十分となる。団兵衛はこの数値をもとに、人間は平均六時間の睡眠で十分であると結論づけている。団兵衛は一日中働いても、四時間寝れば五カ月ぐらい平気だという。実際に一九三六年七月の一カ月だけであれば、僅か四時間の睡眠であった。

団兵衛はなぜ睡眠時間にこだわるのだろうか。『沖縄毎日新聞』は一九三七年七月六日より、「北九州の国宝的篤農家　安高団兵衛を訪ねて」という記事を連載している。七月十日の記事は団兵衛の肉声を伝えている。その一部を紹介してみよう。

農家経営の合理化とか多角形化等云はれて居るが、之は全部の農家が同様に直ちに実行出来るものではない。只一部の恵まれた農家で頭のよい一部の農家にのみ出来ることである。然るに勤労努力は、身体強健なる者にはやらうと思へば直ちに実行出来る事である。私共の様に家庭の事情で教育に恵まれなかつたものが採る可き只一つの途は、勤勉力行あるのみである。

団兵衛は農業経営がうまくいくのは、恵まれた農家、頭のよい農家としている。気になるのは、教育に恵まれなかった者は勤勉力行しかないと決めつけていることである。そして次のように言う。

例へ自分の労働の能率が普通の人の〇・七としても、一倍半即ち一・五働いたとすれば其の結果は一・〇五となり、一人前より〇・〇五余分に働いた事になり、夫丈人を追越す事になる。これこそ農家の採る可き途かと思ふ。而して人の一倍半働くとすれば、勢ひ夜分に喰込む事になるので、自分の体は何程寝れば体が保てるかと就眠時間の統計を採つてゐるのである。

働きが人並みでない者が、人並みの結果を出すためには、人並み以上に働くことである。つまり人並み以上の時間をかけようとすると、睡眠時間を削るしかない。そう思い詰め、自分の身体はどのくらい寝たら大丈夫なのか、またそうではないのかを試すために睡眠時間の記録を始めたのである。物好きでも趣味でもない。大真面目である。

目指すは二宮尊徳

団兵衛の尊敬する人物に、江戸時代の農政家二宮尊徳（一七八七―一八五六）がいる。尊徳より金次郎という通称で知られているだろう。筆者が通っていた小学校の校門に、薪を背負って本を読む少年金次郎の像が立っていた。そのころ、小学校で金次郎の話しを聞いた記憶はないが、ある年代以上の方は周知のことだろうと思う。人並みはずれた体力をもとに、働きながら苦学して自らの運命を切り開き、身を立てたあとは困っている人を助け、社会に貢献した人物といったイメージだろうか。団兵衛が二宮尊徳をモデルにしたところを紹介してみよう。

二宮尊徳先生は「子に伏して寅に起きる」との事で、即ち今の時間で夜の十二時に寝て朝の午前四時に起床されていたそうである。二宮尊徳先生も人間だ。同じ人間にして二宮先生のされることが出来ぬことはない。

二宮尊徳が「子に伏して寅に起きる」と知った団兵衛は、それで人間の身体が耐えることができるのか実際に試してみようと思って、睡眠時間の記帳を始めたという。その結果は先に述べた通りである。平均して五時間四十分なので、さすがに常時四時間とはいかなかった。とはいえ、自分を実験台として十六年にわたって記録をとり続けたことには感服するしかない。なお、記録は十六年で終わったわけではなく、その後も続いている。

肥樽を載せたリヤカーを牛に牽かせながら、雑誌『昭和公論』を読む団兵衛。愛牛「初赤」の記念写真とある（1930年8月11日撮影、安高家所蔵）

もう一つ、二宮尊徳が寸暇を惜しんで本を読んでいたことを賞賛している。たとえば、「二宮先生の薪を背負ひて帰り途の読書や、手杵で米搗きさるる時に、横に書物を置いて一遍一遍読書し勉強された」ように、作業するとともに読書によって修養していたことが、その後の人生に大きな影響をもたらすことになったと評価している。団兵衛はこの時間の使い方を「時間の二重利用《重復利用》」と称し、「時間を二倍三倍に利用し、一生一代の有効な活動時間を二倍三倍にするといふ事が大事」であると強調している。

団兵衛が実践した「時間の二重利用」をみてみよう。団兵衛はキュウリやトマトなどの野菜を八幡市など近郊の市場へ出荷するため、夜の十二時ごろ起き、リヤカーに積んでひとり夜通し歩くことがあった。荷の重さは約八十貫（約三〇〇キロ）にもなるが、片道約五里（約二〇キロ）の道のりを運んでいる。そう聞いただけでも、重労働であろう。その後、リヤカーから牛馬を使うようになった。荷車に野菜を載せて、牛馬に牽かせるのである。それでも牛馬を連れて往復四十キロである。そして野菜を売ったあと、あらかじめ契約していた家庭の下肥を汲み取って帰っている。もちろん、下肥は農作物の肥料として活用するためである。昼過ぎに自宅に戻るが、その帰り道はいつも読書をしていたという。行きと違い、帰りは日が昇って明るくなっているのだった。

団兵衛が往復の道中に愛読した雑誌の表紙

　団兵衛は幼少の時から少しでも読書して修養することが大切だという。読書は修養のためであった。とくに小学校で学校を卒業した者は、読書、講演会、ラジオなどで修養するほかない。ところが仕事をしたり、公職を務めたり、なかなか時間に余裕がない。時間をみつけて読書するしかないが、団兵衛にとって往復の道中が「唯一の読書時間」であった。雨が降るときは、傘をさして読んだ。八幡市街は人はもちろん自転車、自動車、路面電車の往来が激しく、ぶつかったりしないかと尋ねた人がいたが、団兵衛は訓練ができていて馴れていると答えている。団兵衛が読んでいたのは、『福岡県農会報』、『農友』、『家の光』、『報徳』、『戦友』などの雑誌であった。農会、産業組合、在郷軍人会などの各団体が発行している雑誌である。農業（農民）と軍隊（軍人）の話題が中心で、この読書傾向もまた興味深く感じる。

薪を背負って本を読むかわりに、下肥が載った荷車を牛馬に牽かせて本を読む。載っているものは違っているが、本を読むことは変わらない。まさに〝芦屋町の二宮尊徳〟である。

時計と競争する

団兵衛の記録に必要不可欠なものは時計である。さまざまな記録を見ていると、何時何分何秒とまさに秒刻みで時間を明確に記している。団兵衛は雨天だろうが、田植えだろうが、どんな時も時計を肌身離さず持っていて、細かくチェックしていた。しかし、団兵衛本人だけであれば問題ないが、『家業日誌』を作成する時はどうしていたのだろう。『家業日誌』は家族全員、一人ひとりの時間も記録しているのである。

ところで、団兵衛はいつからどんな時計をもつようになったのだろうか。

安高さんは学校を卒へると直ぐに、お父さんのでつかい懐中時計を譲つて貰つて、勲三等みたいに首から吊し、始終時計を見るのであつた。村人は「団兵衛がよろしくもない時計をひけらかす」とか「怠者だから時計ばかり見る」とか陰口を言つた。

（『農業世界』第三七巻第二号、一九四二年二月十五日）

団兵衛は小学校を卒業した十代半ばに、父親から譲ってもらった懐中時計を持っていたが、村人たちからは不評だったようである。大正期になって、国産でニッケル製の懐中時計を八円五〇銭で購入している。当時の労働者の日収が約五〇銭なので、ほぼ十七日分になる。高額といってよい。

ちなみに、近ごろ人々が身につけている時計はほとんど腕時計であり、懐中時計はめったに見なくなった気がする。携帯やスマホをポケットやカバンに入れている人も多い。それらが懐中時計がわりになっていると言えなくもない。

団兵衛はどうしていつも時計を携帯していたのだろうか。雑誌記者の質問に、次のように答えている。

私は、いつも時計を首から下げてゐます。かうして、いつも時計を身につけてゐると、こゝから八幡まで、荷車は何時間、自転車でいくらといふことが、はつきり判りますし、また何か一つの仕事をする場合、こいつを一つ十分でやらうと決心すると、ぢつと時計を睨めつけて、それから飛鳥のやうな素早さで、仕事にかゝるのです。

（『主婦之友』第二十巻第五号、一九三六年五月一日）

記者は「時計と競争で仕事をする人も、天下一品だ」と記して、インタビューを締めくくっている。団兵衛にとって、時計はたんに時間を知るためだけではない。時計と競争で仕事をする、つまり仕事の能率を上げることに目的があった。

団兵衛は他人と仕事をする時は問題ないとする。競争相手が目の前にいるからである。ところが、一人で仕事をする場合は全く競争相手がいない、ゆえに時間と競争するというのである。つまり、時間を相手にすることによって競争心理が生じる、そのことで精神が緊張し、仕事の能率が向上すると団兵衛は語っている。時間は仕事をする時の競争相手なのであった。しかし、団兵衛はただやみくもに時間と競争していたわけではない。

山坂越えて十町ばかりある水田から稲を牛で駄鞍につけて取入れるのに、秋の短かい日には日の出から日の入り迄、よくつめてしても九回位いしか出来ない。乾いた稲は牛が十二把、自分が六把担って帰るので、一回に十八把、九回で一日中に百六十二把取入れするのである。(略)所が朝も一時間ばかり早くして一回多く運び、夕方も日の入る頃からマ一回急いで取入れたら、朝夕で二回余計に取入れすると人並の百六十二把が百九十把の取入れをなし得るのである。

団兵衛は約一キロ離れた水田から稲束を運搬するのに、大人一人、牛一頭でどのくらいかかるかを計算している。日の出から日の入りまで九回とあるので、一回につき一時間ちょっとかかるのだろう。ここには引用しなかったが、一日中運搬するには、一回につき牛が十二把、自分が六把担うのが適正であり、それ以上はかえって効率を悪くすると語っている。まさに時間と競争し、最大の効率をあげようとしている。団兵衛はさらに朝夕各一回ずつ増やせば、人並みを超えるとも言っている。常人ではない。

芦屋時間を改める

かつて日本では、決められた時間に人が集まらない、従って物事が始まらないことがよくあった。そんな時、その地方の地名を冠して、〝○○時間〟と称することがある。団兵衛は、一九三四(昭和九)年に粟屋区長、翌三五年に芦屋町会議員に当選しているが、まず取り組んだのが、いわゆる〝芦屋時間〟の打破であった。団兵衛はどんな時でも、開会や約束の時刻の少し前には到着するよう心がけた。ゆえに、会合などで一度も遅刻をしたことがなく、〈金時計〉と綽名されるようになる。〈金時計〉とは、時間に正確で良い時計という意味である。もっとも、団兵衛は時間の無駄使いを嫌うので、三十分早く着いて待つなんてことはしない。そういう意味も含めて、〈金時計〉と呼ばれたのであろう。団兵衛が区長になった時、区長会議に時間通りに到着しても、ほかの区長がなかなか来ないので、自転車で区長宅を回って早く出席するよう促してまわった。そのうち、開会するまでの待ち時間に本を読んだり、手帳を取り出して農作業の計画や段取りを考えるようになっている。

また町会議員になると、町長に「定刻開会」を強く訴え、「三〇分だけは余裕をくれ」と悲鳴をあげさせたことは語りぐさになっている。つまり、町会は定刻より一時間遅れで開会するのが当たり前だったので、町長はせめて三十分遅れにしてほしいということであった。また町会ごとに、ひそかに全議員の出欠及び時刻を記帳している。議員たちは団兵衛が出欠の記録をとっていることがわかって恐れをなし、町会の開会もスムーズになり、議員の出席率も非常によくなったという。

こうした時間厳守はいつからだろうか。団兵衛は幼少のころから時間を守ってきたが、「殊に軍隊生活三ヶ年間に一層時間の観念が徹底して、退営後は益々時間励行に又時間を無駄にせぬ様に」努めているとする。団兵衛は兵営生活で、時間の守り方、使い方を学習したのだった。

一九三五年の夏、団兵衛が区長を務めていた時である。直方市の青果市場に野菜を出荷したあと、午前十一時に始まる岡湊《おかみなと》神社（芦屋町）の建築委員会に出席しなければならなくなった。その日朝早く、団兵衛は自転車にリヤカーを連結して、青果市場に野菜を出荷した。そして青果市場を午前九時五〇分に出発、自宅まで二十一キロあまりを五十五分で走破、五分で羽織袴に着替え、九分で岡湊神社までの二・五キロを自転車で駆けつけ、境内に座った。つまり、青果市場から岡湊神社まで、着替えの時間も入れて一時間九分、十時五十九分に到着し、建築委員会に間に合った。団兵衛はこのことを次のように言う。

自分乍ら迚も時間迄に出席出来まいと思ひつつも、戦争と思つて一生懸命にやつてみようとした事が、時間励行出来て「精神一到何事かならざらん」とはこの様なことをいふのであろうと思つた。

団兵衛のいう「戦争と思つて一生懸命にやつてみよう」は、彼の精神性を理解するのに十分であろう。ここで再び兵営を持ち出すのだった。

軍隊では外出した時でも、帰営時間に遅れたら懲罰せらるるのであるから皆時間を厳守する様になるが、地方一般にはそんな処罰の法がないので、なかなか時間励行が出来難い。が罰せらるから守るといふよりもお互ひに時間観念を向上せしめて時間励行したいものである。

時間厳守を自分だけでなく、他人にも、さらには社会の通念としても広がることを願っていることがわかるだろう。

「時は命なり」

「時は金なり」という。アメリカ人のベンジャミン・フランクリン（一七〇六―一七九〇）が広めた格言である。

筆者は幼いころ、フランクリンの伝記を読んだことがある。フランクリンが、嵐のなかで凧をあげる実験を行い、雷が電気であることを証明したシーンはよく覚えている。そのフランクリンが、印刷業で成功を収めたあと政界に進出し、アメリカ独立に大いに貢献したことを筆者が知ったのは、はるかのちのことである。ともかく、この格言から時間をお金と同じように大切な価値とみなす意識が成立していたことを、確認することができるだろう。

団兵衛は私家版で「時は命なり」と言い換えている。日本でも、「時は金なり」という格言は、広く知られるようになっていたのであろう。ちなみに、団兵衛は有名なフレーズを自分流によく言い換えている。たとえば、私家版に「皇国の興廃我が一挙一動に在り、大いに奮励努力すべし」と章立てしている箇所がある。団兵衛は平時だろうが戦時だろうが、農業に従事する一人ひとり精根を尽くすことが生存にとって必要であり、直ちに国家の興廃に正比例するとしている。この原文が、「皇国ノ興廃此ノ一戦ニ在リ、各員一層奮励努力セヨ」であることは明らかであろう。日露戦争の日本海海戦に際して、連合艦隊参謀であった秋山真之が作成したZ旗の信号文である。その後、Z旗が信号文とセットになり、日本海軍にとって特別な意味をもつようになったことはよく知られている。

団兵衛は「自分に与へられた時間が自分の命である、自分の寿命である」、「無駄な時間を費す人は命削るも同じこと」を繰り返し強調している。満七十歳まで生きたとして、時間に換算して「三千六百八十一万六千四百八十分」、日数に直して「二万五千五百六十七日」とはじき出し、さらに満百歳まで生きたとして、時間に換算して……と続く。団兵衛は人生の限られた時間をいかに有効に、いかに有意義に使うかを考え、実践する人であった。これを記したのは、一九三六（昭和十一）年であろう。団兵衛四十歳のころである。

3　家族と生活

家族の病と死

団兵衛・リキノ夫婦は、九人の子供（五男四女）に恵まれたことは既に書いた。ただ女子で成人したのは、長女恵美子のみであった。次女、三女、四女はいずれも短命であった。一方、男子はすべて成人を迎えている。団兵衛は生まれて一度も医者に罹ったことがないとしている。頑健そのものであった。

リキノは一九三一（昭和六）年十二月、突然リウマチを発症している。二カ月前に三女を出産したばかりであった。団兵衛はどの薬がよいと聞けば、取り寄せて服用させてみる、どの医者がよいと聞けば、リヤカーに乗せて連れて行くなど、あらゆる手を尽くしている。

団兵衛とリキノの夫婦。団兵衛は40歳、リキノは36歳（『主婦の友』1936年5月号に同写真が掲載されている、安高家所蔵）

しかし、なかなか改善の兆しがみられない。そのうち、心臓も患うようになった。

翌年三月になって、リウマチは山口県の俵山温泉に入湯すればよい、隣村の婦人もリウマチの療養で俵山温泉へ行ったという話を聞いた。団兵衛はリキノに勧めて、俵山温泉へ送り出している。

それから一週間ほど経ったころ、団兵衛は「ツマキトク　ハヤクコイ」との電報を受け取る。団兵衛は直ちに身支度を整え、五時間余りかかって俵山温泉に着いた。宿の女将によると、何度も昏睡状態に陥り、なお重篤だという。幸いにもリキノは一命をとりとめ、一カ月あまりで自宅に戻っている。ただ俵山温泉に入湯した効果はあったようで、リキノは子育てができるようになり、あまり負担のかからない農作業も手伝うようになった。そういうわけで、毎年春になると、団兵衛はリキノを俵山温泉に数週間滞在させて、養生させている。

団兵衛はリキノを喪わずにすんで、「自分は世界一の幸福者である」と回想している。かつて元気だった時のようにはいかないけれど、子供のためにも、家族のためにも、生きていてくれさえすればよい、「心の持ち方一つで、考へ方一つで幸福を得られ、感謝生活が出来る」と記している。団兵衛の愛情を感じることができるだろう。

一九三三年八月十八日のことである。この日、陸軍の簡閲点呼が行われた。簡閲点呼は予備役・後備役の下士兵卒及び第一補充兵を参会させ、短い問答を行って在郷軍人の本務を点検し教導することをいう。団兵衛はこの簡閲点呼の指揮官に選ばれていた。

ところが、十七日に次女が亡くなり、翌十八日にその葬式を執り行うことになった。僅か四歳の命であった。十八日は簡閲点呼の当日である。くしくも、次女の葬式と簡閲点呼が重なった。団兵衛は子供の葬式に居ないのは忍びないが、私事のために公務に差し障りがあってはならない、とくに今年の簡閲点呼は天皇より侍従武官が差し遣わされることになっているので、自分の使命を全うしようと決心した。これに対し、福蔵はお前が行かなくても指揮は誰かが代わってするだろう、親が子供の葬式にいないのはむごい、また近所親類に対しても申し訳がないといって留めようとした。しかし、団兵衛はそれを振り切って点呼場に臨み、任務を果たした。

点呼執行官は、これを聞いて非常に感激し、講評の際に口頭で表彰した。団兵衛は感極まり、その場で号泣した。そして自宅に戻ると、亡き次女の霊前に立ち、父は立派に任務を果たして表彰された、喜んで成仏してくれと叫んだという。この出来事は、新聞各社により、「愛児の死も忘れて点呼へ」(『九州日報』一九三二年八月二十日)、「愛児の死を踏み越へて参加」(『大阪毎日新聞』同上)などの見出しで報道された。こうして、「軍事美談」として後々まで語り伝えられることになる。

子供の教育

団兵衛の長男である藤吉は、高等小学校を卒業すると、家業の農業に就いた。藤吉は団兵衛と一緒に朝早く起きて荷車を引き、八幡市の市場へ野菜を売りに行く。その帰り道、団兵衛が雑誌を読むのにならい、藤吉も勉学することを怠らなかった。

高等小学校を卒業する日が近づいたころ、クラス担任の先生が、上の学校へ進学しない者は手を挙げるよう聞いたところ、藤吉は真っ先に手を挙げた。先生は藤吉がクラストップの成績であり、安高家は上の学校へ行かせることができる状態なので、意外に思ったという。そこで藤吉になぜ上の学校へ行かないのか尋ねてみると、彼は父親と一緒に百姓をするのが一番好きだと答えている。こうした藤吉の態度をみて、感動したのだろう。『主婦の友』の記者は、将来は父親の団兵衛を凌駕するような、立派な篤農家になるだろうと讃えた。団兵衛は長男藤吉が自らをモデルとして、農業の道に入ったことに満足していたことだろう。

家族そろって日記をつける。右から正義（次男）、団兵衛、恵美子（長女）、藤吉（長男）、隆盛（三男）、福蔵

団兵衛は常々、農業の後継者をいかに養成するかを気にかけていた。とりわけ、農業では「健康なる身体と堅忍持久、犠牲奉公の精神を保有して勤労に馴れて無我に働くといふ奮闘家たるべき資格者が必要」としていた。まさに精神論であるが、それだけではない。

農業教育は農学知識を従として、実地勤労を主とすべきで、小学生のころから実際に作業をさせることが大切だと説く。もっとも、当初は小学校から帰ってきて手伝う程度でよく、「農業知識と勤労訓育と趣味体得の教養が三ツ平等に併行して行けばよい」とした。そうしておいて、本人が十四、十五歳になって農業に本腰を入れ始めると、その効果は絶大だという。

団兵衛は子供が小学生の時に、農業や家事の手伝いをさせた。そして子供が高等小学校を卒業するとすべて農業に従事させた。団兵衛は今までの体験にもとづき、子供と田畑で共に働きながら、農業の精神と技術を教え込んだ。それだけではない。子供にそれぞれ実習地という畑地を与え、作物の品種、作付の方法などすべてを各人に任せている。さらに実習地の収入貯金帳を作成させ、作業を実施させている。要するに、収支バランスを考慮した農業経営を行うよう指導しているわけである。団兵衛によると、子供は昼休みでも休養日でも、自ら畑地へ行って作業するようになったという。

団兵衛は精神修養にも余念がない。子供は自分が読んでいる雑誌、有益な伝記や農学書をよく読んでいる。そう教育したのであろう。田畑で共に作業している時は、処世上のこと、成功者の苦心談、失敗者の原因などについて、話し聞かせている。

なお、団兵衛は農家の親というのは、子供に農業経営一切を任せて口出しをしないことであると言っている。団兵衛は藤吉が二十三歳で結婚してから、農業経営すべてを任せている。藤吉の結婚は、一九四四(昭和十九)年十二月であった。農家は農業経営の実権をどのように継承するのか、各家で異なると聞く。安高家の場合、長男が結婚して所帯をもった時であることを知ることができるだろう。

弟二人の分家

団兵衛は五人きょうだい（三男二女）の長男であった。男兄弟は三人で、次男は幸治郎（一九〇三年生まれ）、三男は繁治郎（一九一二年生まれ）である。

一九三〇（昭和五）年に、団兵衛は幸治郎を分家させ、独立させた。この時、幸治郎は二十七歳、二年前に結婚して所帯をもっていた。団兵衛は銀行から一二〇〇円を借金し、所有地の山林を伐採した材木を使用して、幸治郎の自宅を新築している。もう一人繁治郎という弟がいるので、安高家の全財産を三等分し、それぞれ三分の一ずつ分けている。両親は団兵衛は長男であり、自分たちの面倒をみてもらうので、団兵衛に半分を譲って、あとを弟二人で折半することを申し出ていた。つまり、団兵衛は全財産の二分の一、弟たちは四分の一ずつになるわけである。しかし、団兵衛は三等分して兄弟でお互いに競争するのがよいと説明して、両親を納得させたという。土地も農具も家畜も等分にしている。なお、銀行からの借金は全額、団兵衛が十年の年賦で支払いを終えた。

幸治郎が独立した年、繁治郎も海軍の志願兵として実家を離れた。それまで福蔵、団兵衛夫婦、幸治郎夫婦、そして繁治郎の六人で働いていたが、突然三人になってしまった。田畑は幸治郎に三分の一を与えたので小さくなったが、働き手が三人になったので、一時は何から手をつければよいかわからなくなった。団兵衛は研究、改善を重ね、昼夜を通して懸命に働いた。また両親も、子供たちもよく手伝いをしてくれた。こうした家族のおかげで、見事に切り抜けることができた。その後は、田畑や山林を少しずつ購入して、子供たちの分家の計画に着手している。安高家の家督である団兵衛の方針について、よくわかるエピソードであろう。

金銭観

団兵衛の生活態度は「質実剛健」をモットーとしている。人はよく眼鏡、義歯、喫煙、髪形などで見栄を張る、なぜ修養して人格を高めないのかという。精神を修養する、職務に勉励する、技量を向上することは誰でもできることではないのかと突きつける。自らを飾ることはすべて排すべきである。

虚栄、虚偽、虚弱と虚の字のつくものに録なものはない。大いに質実剛健の気風を養成することが緊要だ。大正十二年十一月十日に御下賜の御詔勅の中にも「華ヲ去リ実ニ就キ」と仰せられて有るが、虚栄の風を為す者は実に不忠の民である。国民に虚栄の心が充満すれば国の亡びる因である。大いに質実剛健の気風が充満する時は国は隆々たる勢で発展するのである。

団兵衛は虚を退け、実を取ることを説いているが、天皇の言葉を根拠としていることも確認しておこう。国民や国家のあり方に及んでいるのは、当時の世相を反映しているようだ。対外関係が緊張を迎え、軍靴の音が近づいていたころである。もう数年時計の針が進むと、「欲しがりません勝つまでは」「贅沢は敵だ」というスローガンが登場する。

また団兵衛は質実剛健の気風について、自らの例を紹介している。団兵衛は夏の作業に、高価な麦藁帽子よりも安価な竹の皮笠を使っている。竹の皮笠は麦藁帽子の三分の一ですみ、しかも晴雨両用に適している。冬の鳥打帽子は、上等は三円にもなるが、最下等の三〇銭のものを買い、今まで三年間使っている。これら夏冬の帽子はほんの一例に過ぎない。このこと自体は、質素倹約と言っていいだろう。団兵衛の生活ぶりをイメージすることができる。

団兵衛の金銭観は、質実剛健と関連して語られる。団兵衛は金の使い方には、「死に金」と「生き金」の二つがあるという。金は儲けて蓄えるためではない、田畑を買い入れ、資産を増やし、楽に暮らすためではないとする。子孫が農業によって働きさえすれば生活に困らないという程度の資産ができればよい、程度を越えた資産は必ずその資産に依存する心が起こり、苦労知らずの生活を送り、質実剛健の気風を養うことができなくなると戒める。

それでは、それ以上に稼いだ金はどうすればよいのか。公益のために、皇国のために、有意義に使用するのである。これこそ「生き金」の使い方である。

しかし、貧富の格差はどうすればよいのか。豊かな者はよいが、貧しい者はどうしたらよいのか。団兵衛はこう答える。豊かな者は豊かなように、貧しい者は貧しいように、それ相応にすればよい。豊かな者は一万円でも、貧しい者は一〇銭でも寄付すればよい、それで初めて公益のために尽くすことができる。衣食住の欲望を満たすために使うのは、また一時の快楽を得るために使うのは、畜生と何ら変わりない。そうして、お互いに相応な生活をすることが大切であると語る。

ただし、団兵衛はこうした「生き金」の使い方は難しいと自覚している。ゆえに、どんな家庭でも金銭出納簿をつくって、収支を明らかにすることが必要だと説くのである。

団兵衛のいう「生き金」の実例を紹介しておこう。団兵衛は八幡市の家庭から下肥を汲み取りする度に謝礼を受け取り、一年間で数十円になっていた。下肥の汲み取りにより、謝礼という名目で処理代を受け取っていたのである。その金で雑誌を購入して、在郷軍人会員、青年会員、処女会員、主婦会員にそれぞれ配布したり、芦屋と山鹿の両小学校に寄贈したりした。雑誌は在郷軍人会発行の『我が家』、『戦友』、『訓練』、同会小倉支部発行の『我が友』である。すべて在郷軍人会関係の雑誌である。一九三一（昭和六）年までの十年間で、二七四〇冊、一八四円九四銭になっている。こうして、郷土の若者や女性を育てることも、団兵衛の重要な使命であった。

酒と煙草

団兵衛の酒、煙草についてみておこう。団兵衛は物心ついたころから福蔵の酒癖の悪さをみて、父親のように飲むまいと決心している。団兵衛は在営期間が満期を迎える二、三日前、退営を記念して同年兵一同が催した宴会で初めて酒を飲んだという。つまり、二十三歳まで酒に口をつけなかったことになる。退営後も社交上の酒以外は飲まなかった。酒を飲む時間がもったいないというわけである。当時は夜通しの宴会がしばしばあったころである。面白いことに、団兵衛は酒に強かったようである。そうした噂を聞きつけて、全員総掛かりで挑んでくるが、一度も酔い潰れたことはなかった。相手の方が次々に酔って倒れていったという。また煙草は一切喫しなかった。

団兵衛の両親は喫煙していたが、母親のシゲは一九三三、四（昭和八、九）年ごろ病気をして、それを機にやめた。福蔵は依然として喫煙していたが、一九三八年の春、非常時であり、聖戦を考えて禁煙した。一九三七年に勃発した日中戦争が二年目に突入し、国民から自発的な戦争協力を得るため、政府が総動員の運動を本格化させたころである。

団兵衛は福蔵の禁煙をきっかけに、両親と夫婦の煙草代四人分について三年貯金を始めた。リキノも煙草は初めから吸わなかった。両親の煙草代分を貯金するのはわかるが、団兵衛夫婦はもともと煙草を吸わないのだから妙ではある。

ともかく、禁煙貯金は一九四一年五月二十六日に満期を迎え、一〇〇円二四銭の金額になった。このように、団兵衛は四人が禁煙を続けた場合を想定して、その煙草代分を貯金しておくといったやり方を取った。ほかにも団兵衛の家族（男性のみ）は自宅で散髪するので、理髪代一回一〇銭を貯金した。団兵衛の退営後から始めた理髪貯金は、二百数十円にもなっている。団兵衛のよくやる手であることがわかるだろう。それでは、その貯金はどうしたのだろうか。

団兵衛は一九二六（大正十五）年から禁煙貯金を始めた。毎月一円四五銭を信用組合に貯金し、一九三一年に一〇〇円で満期を迎えている。

同年七月十六日から三日間、第一回北九州防空演習が実施された。防空演習とは、空襲の被害を最小限度にくい止めるための実地訓練である。国民総動員の一環として構想され、防空官民の団体が参加し、防空戦闘、防毒、消防、燈火管制などの訓練が行われた。少し後になるが、隣組のバケツリレーによる消火訓練はその一つである。北九州の防空演習は、大阪、名古屋に次いで三番目であった。

本演習に先立ち、特殊付帯演習が七月十四日から二日間、芦屋町海岸で行われた。高射砲の実弾射撃、飛行機による海上の浮標や風船への実弾射撃が実施され、陸海軍の将官や地方の高官たちが訪れた。また多くの見物人が集まり、二日目は十万人といわれる盛況ぶりだった。

この演習に対して、在郷軍人会芦屋町分会は、軍隊の世話から来賓の接待、見物人の対応、交通整理、警備に務めている。団兵衛は三月に芦屋町分会の副会長に就任したばかりで、任務の遂行に力を尽くした。この時、芦屋町分会は会員の肩章や腕章を新調するなど、費用がかさんだ。団兵衛は禁煙貯金がちょうど満期で一〇〇円になっていたので、これを芦屋町分会に寄付して費用にあてた。団兵衛は、「とつくに煙となつて消えている金」が有益な経費になって「誠に快心の本望」であった。

この話は貯金を煙草になぞらえていて、なかなか洒落ている。金は公益のために有意義に使用する、団兵衛のいう「生き金」の代表例であろう。

4　農業観と国家観

農民の使命

団兵衛は私家版で農業観、それと関連して国家観について記述している。私家版から適宜抜粋して、説明しておこう。少し引用が多くなることを、お断りしておきたい。

団兵衛は農業は極楽だと言うが、いったいどういうことだろうか。

実は田園といふ公園か、遊戯場に遊んでいるも同然である。愉快に遊ぶ以上に愉快に面白く働く。働いて居る方が実際遊ぶより以上に面白い。この遊び方なら毎日毎日昼夜兼行で遊んでも益々身の為め、家の為め、国の為めになるのである。これこそ実に此の世の中の極楽である。

農業に就くと、朝早くだろうが、夜遅くだろうが、他人に迷惑をかけずに、自由に働くことができる。これが月給取り、日給取りだとそうはいかない。しかも、農業は働き方次第で他人の二倍、三倍の増産もできる。実に働きがいのある仕事である。また作物を育てるのは、他人が味わうことのできない独特の感慨がある。これは実際に農業をした者でなければわからない。

作物の施肥や手入れに正比例してズンズン太る。花がついた、もう一番花が咲いた、美しい。愛らしい実を結ぶ。それが一日一日と目に見えて太る。手入れせねば居れぬ。休日でも休むより畑へ飛んで行つて手入れがしたい。初の収穫と次から次へと年中楽しい事ばかり、有難い事ばかり、その効果が挙がるから益々趣味が出て熱心にやる。研究する。改善する。愉快だ。楽しみだ。努力する。愈々上々の成績を挙げることになる。こんな幸福は他にやない。こんな極楽は迚も他にやあるまいと毎日毎日感謝感謝の念で一杯である。

こうして、よく働くとお腹も空くので、三度の食事がおいしい。作物を育てることは、その成長を目にすることは、楽しいことばかりである。

ただ作物は、値段が暴落したり、悪天候で不作だったり、思うようにいかないことばかりだ。そうした事態に、人は愚痴をこぼしたり、不満を募らせたりする。そうならないためには、農民としての信念をもつ必要があるとし、次のように言う。

人間はお互ひに何が一番大切かといへば、「お互ひ各自それぞれの職務を（本分使命）を完ふすることが何より第一のことである」。それでは吾々農業者の本分使命は何か、何であるかといへば、それは「人生に直接に最も必要なる物資即ち衣食住の資源を生産することであります。

世の中には「同じ一生暮すなら楽に暮したい」「いかに勤倹節約して質素に暮しても死んで行く時には一文とても持つて行くではなし、安楽に暮した方が儲けだ」などといふ考へを持つた者が大分ある様であるが、これ全く現実のみを思つた享楽主義であつて甚だしき個人主義である。自己のみが安楽な暮しをすれば他はどうでもよいのか、子孫はどうなつてもよいのか。

人はそれぞれの職務（本分）をもって尽くすことが大切だとする。たとえば団兵衛が農業という本分に従事しているようにである。団兵衛はそうした本分を全うせずして、自分さえよければと安楽に暮らすような生き方を個人主義と称して遠ざける。

殊に農業なるものは、太古神代から吾々御祖先の神々様達が御創始になり営まれて来て世々の祖先へ伝授されし即ち神の御業である。吾々はこの神様の御創始遊ばされた最も神聖なる最も尊き神の御法の御業なることを肝銘して、この農業の真誠なる使命をよく認識自覚して之を完ふする事に精進奮闘せねばならぬのである。

農業は人間にとって必要な食の生産を行う、これすなわち神の創始した職業であると断じている。農業を神と結びつけて、神聖視していると言っていいだろう。

その一方、農民は朝から晩まで働いても、給料取りと比較すると、収入が少ないという。農業の収支はいつもマイナスのままで、割が悪いのは当たり前になっている。では、農業は手間も時間もかける反面、見返りが少ないのをどう考えたらいいのだろうか。

国家の為ぢや。世人の為ぢや。犠牲奉公の精神を以て益々救世の熱誠を盛んにし、大乗的見地に立ちて唯黙々として勉励することだ。引き合わぬといふて農業を営むものが無かつたらどうなるか。世の人は皆生存出来なくなる。況してや農は国本ともいふ。我が瑞穂の国此の大日本皇国は、農業が衰微したら国は衰亡するのである。国が衰亡してどうなるものか、我が祖先に対しても断然相済まぬ事である。

農業は人間の生存に不可欠である。また農業こそ国の本であるとする農本主義的な思想を展開していて興味深い。日本は瑞穂の国であり、従って農業の盛衰が、日本の存亡を左右する。つまり、農民はそうした見地に立ち、「犠牲奉公の精神」をもって、目の前の職務に励むことだと言うのである。

国民の責務

団兵衛は続けて日本を皇国とみなし、皇祖に対して我々国民の責務は何かと問う。

我等皇国日本の国民の世界無比の重大使命は何であるか。皇祖に対して天地の神々様に対して、祖先に対して一刻も裕余なく尽さねばならぬ。我等国民の責務は何であるか。神武天皇御肇国の大精神、八紘一宇の大御代実現である。皇国日本の国民は上下一致して、この八紘一宇の大御代を実現の為めに粉骨砕身尽さねばならぬ。そのためには各自が各々の身分、職責を自覚し、緊張して、一大奮発努力し、皇国の国力を世界第一の最強に興隆せしめなければならぬ。されば、その国本たる農業の興隆発展のためには吾等農民は昼夜兼行、勤勉努力して農業報国の完遂を期さねばならぬ。平時に於て然りであるが、八紘一宇の大御代実現の為には万一聖戦発生でもある日には、その聖戦完遂の如何は実に農業の興隆如何に依つて左右されるといつてもよい程である。

要するに、国民は「八紘一宇」を実現するために力を尽くすことを説いている。そのためには、すべての国民おのおのが本分を自覚し、努力する必要があるが、とくに農民は最も重要な任務を負っているとする。「八紘一宇」は、天皇を中心に世界を一つの家にすることを意味し、大東亜共栄圏の建設と合わせて用いられたのは、よく知られている。日中戦争以降における政府のスローガンであった。

十分間でも一分間でも無意義に無駄に過してはならぬ。全国民九千万として、その中に約半数が老人、子供としても其の他の半数の四千五百万人のものが一人に僅か十分間宛無駄に費すとしても、実に四億五千万分である。これを時間に計算すると、七百五十万時間となり、一日の勤務が十二時間として計算すれば、六十二万五千日となる。一日一円の日当《賃金》としても六十二万五千円の損失である。全国民の半数が僅か十分間宛、一回休んでも六十二万五千円となる。之を一ヶ年に見積ると、実に二億二千八百十二万五千円となるのである。それで皆が一日に僅か十分間づつ余計に働くとすれば、一ヶ年間には二億二千八百万円余も働き出した事になるし、反対に僅か十分間づつの怠け休むのでも、日本中では二億二千八百万円余の損失となるのである。アア僅か十分間の時間でも、皆が勤むるか否かで国家の興廃を直ちに左右する事になる。心すべきことである。右の様なわけで、我々の一挙一動は早速国家の興廃に関するのである。

この部分は団兵衛らしさがよく現れている。日本の人口九〇〇〇万人、人口の半数を老人及び子供と想定して、それらを除いた四五〇〇万人を対象として計算する。一人では小さな数字であるが、四五〇〇万人となると巨大な数字になる。その方法をみると、一人ひとりを均質な存在として、全体の合計を量として示しているのが特徴だ。国民全員が国家のために事にあたることを、数値化して説いているのである。

天皇崇拝者として

この時期、団兵衛が関係した「大統社」と「県社神武天皇社奉賛会」について説明しておこう。

大統社は一九二六（大正十五）年、吉田三郎が満州に渡り大連に設立したのが最初である。一九二七（昭和二）年に東京大統社、次いで芦屋大統社、翌年芦屋町中ノ浜に大統社工業塾、満州に奉天大統社を創立している。さらに一九三〇年、千葉県東葛飾郡八幡町（現市川市）に大統社農業塾を開いている。大統社の綱領は次の通りである。

一、大統社ハ光輝アル我ガ国体宣揚ノ為メ決死殉難ノ志士ニヨリ結バレタル血盟ナリ
二、大統社ハ弱小亜細亜諸民族ノ大同団結ヲ策シ奪ハレタル亜細亜ノ奪還ヲ期ス
三、大統社ハ一切ノ行動世俗ノ毀誉褒貶ヲ顧ミズ只天ノ照鑑審判ヲ俟ツ

（『大統』第五号、一九二九年二月二十二日）

吉田三郎は、一八九八（明治三十一）年、芦屋町船頭村に生まれた。吉田は芦屋尋常小学校、同高等小学校を卒業後、東筑中学校に入学するが中退、上京して講道館に入り柔道を修めた。吉田は人材の養成を終生の仕事とし、芦屋町に私塾「弘道赤心社」を開き、児童や小学生の心身修養の道場にしている。吉田は国粋主義者として著名な杉浦重剛に傾倒

していた。

団兵衛は吉田はじめ大統社の人々と手紙や葉書をやりとりしており、関係が深かったことがわかる。団兵衛は大統社工業塾の評議員であり（同前）、一九二九年以降塾生に三回講演していた。この塾は、福岡県大川から家具木工の職人を招き、郷土の青少年たちに働きながら心身を錬磨する道場であった。なお、一九三六年二月二十一日、大統社工業塾の幹部小田十壮が、美濃部達吉をピストルで襲撃し、入院させるという事件を起こしている。美濃部達吉はかねて提唱していた天皇機関説を非難され、前年九月に貴族院議員を辞めたばかりだった。

芦屋大統社工業塾潮寮にて談笑。中央に団兵衛（評議員）。右は吉田三郎（塾主）。左は梅原善助（評議員）（1928年12月15日撮影、安高家所蔵）

一九三九年は、全国各地で紀元二六〇〇年記念事業の準備が進められていた。芦屋町では、神武天皇が東征の際、この地に滞在しており、県社神武天皇社はその聖蹟であるとして、県社神武天皇社奉賛会が発起されている。発起者は神官、町長、町会議員、神社総代、団体や組合の幹部ほか有力者を招いて協議を重ねた。こうして一九三九年二月七日、県社神武天皇社奉賛会は成立した。団兵衛は発起者に名を連ねており、奉賛会成立後は理事に就任している。

団兵衛たちの目的は、皇祖を祀る県社神武天皇社を対象に、趣意書を「全国はもとより全世界に住む日本人に配布して益々敬神思想、日本精神の昂揚に努め、御神徳の発揚に尽くさん」ことにあった。ところが、同社神官の不徳を吹聴する者がおり、とくに町内の神社はすべて奉賛会に加えることを主張する者が多数になり、組織のあり方をめぐって事態は紛糾した。団兵衛は他の神社はそれぞれ単独で奉賛会を組織するよう提案したが、聞き入れられなかった。この奉賛会に寄付や寄贈により金品が集中するだろうことを問題としたのが、ことの真相のようである。

団兵衛は当初の目的通り活動を続け、有力者の協力を取り付けながら、県社神武天皇社のみの奉賛会を維持した。この間、町の有志たちによって恐喝されたり、侮辱されたりしたことがしばしばあったという。

敗戦を迎えて

既にみてきたように、団兵衛は戦争遂行に協力を惜しまなかった。地域の有力者として、率先して戦時体制を支えていたと言ってよい。そうした態度にかかわらず、日本は日中戦争から続く戦局を転換させることができず、ついに敗戦してしまう。団兵衛は一九四五(昭和二十)年八月十五日をどのように迎えたのだろうか。

一九四一年十二月八日、日米は開戦した。当日の日記には、「一、午前六時　英米両国ト日本ハ交戦状態ニ入ル、大本営発表」（安高文書）とのみ記入している。

では、敗戦はどうだろうか。そもそも一九四五年の日記は見あたらない。メモ帳や手帳は確認することができたが、いわゆる日記形式のものはないのである。メモ帳や手帳には、敗戦について何も記されてはいない。

団兵衛が『家業日誌』をほぼ毎日記帳していたのは、説明してきた通りである。一九四五年の『家業日誌』は年頭から毎日欠かさず記入しているが、八月十六日から二十一日までの七日間は、一日中空欄か、僅かな記述のみである。元のようにびっしりと記述で埋まるのは、八月二十二日からであった。敗戦直後の七日間の空白、これが現在唯一の手掛かりである。

第四章

昭和戦後期の団兵衛

〈五十歳から死去まで〉

1　記録類の行方

記録類の戦後

一九四五（昭和二十）年八月、日本は敗戦を迎えた。その後、日本はアメリカ軍の占領下において、新たな憲法を制定したのをはじめ、さまざまな改革を行ったことは周知の通りである。戦前と戦後をどのように理解するのか、とくに戦前と戦後は連続しているのか、それとも断絶しているのか、大きな争点として今日まで続いている。

団兵衛もまたこうした状況のなかにいた一人である。そのことをふまえながら、団兵衛の戦前と戦後について、まず記録類がどうなったのかをみてみたい。筆者は前章において、団兵衛は一九三六年に十六種類の記録を作成していたことを指摘した。それらを戦前で終わった記録と戦後まで続いた記録に大別して示してみよう。なお、タイトルの番号は、前章と同じである。

【戦前で終わった記録】

②『農業作物別耕作明細表』

⑤『家業日誌』

⑥『晴曇雨雪（天候）統計表』

⑩『農業経営大要』

⑬『家業日誌勤労表』

⑭『農家経済集計書』

（⑮『区長勤務ニ関スル帳簿』）

（⑯『町会議員関係記帳』）

【戦後まで続いた記録】

①『金銭出納簿』一九一九―五二年→『金銭出納帳』一九五四―五五年→『我が金銭出納記録』一九五六―六六年

③『文通交際発信受信月日表』一九二〇―六六年

④『就寝時間入浴回数統計簿』一九一九―六六年

⑦『八幡下肥及雑肥料採取統計表』→農村特志隊粟屋組へ
⑧『国家、町、村、区内、家庭ニ於ケル重要記事録』一九二〇―六七年
⑨『区内ノ諸記録簿』一九二二―六七年
⑪『粟屋正交会』一九二七―四九年
⑫『下肥溜壺各壺別収支表』→農村特志隊粟屋組へ

戦前で終わった記録

戦前で終わった記録をみてみると、ほぼすべてが農業経営に関するものであった。区長と町会議員の期間は数年間で一時的であり、記録が終わるのは当然であった。団兵衛にとって、農業を営むことと記録を作成することは一体であり、両者はセットではなかったのだろうか。家業の農業を継ぎ、篤農家であると共に、農業の記録を作成していた団兵衛に、何が起こっていたのだろうか。団兵衛は一九四六（昭和二十一）年一月一日、次のように記している。

永年記帳シテ来タ家業実施表ハ、自分ガ作業主任ヲ止メテ長男ニヤラセル関係デ、記入ヲ中止スルコトニシタ。（安高文書）

ここでいう「家業実施表」とは、『家業日誌』とみなしてよいだろう。『家業日誌』は、団兵衛が農業経営に必須として、退営後からつけ始めた記録である。それは一九二〇（大正九）年から始まり、四五年に終わるまで足掛け二十六年間に及んだ。一九二一年から二三年までの三年間は、福蔵の反対により中止したが、考え直して一九二四年から再開したという経緯もあった。そうであるだけに、団兵衛の日記だけでは釈然としなかった。記録をつけないならば、農業はどうしたのだろうか。

筆者は団兵衛の長男藤吉の妻、千鶴子さんにそのあたりを聞いてみた。千鶴子さんは現在九十二歳、小柄で控え目な感じのおばあちゃんである。一九四四年十二月に藤吉と結婚、それからずっと安高家で暮らしてきた。千鶴子さんが結婚した時は二十歳、夫の藤吉は二十三歳、舅の団兵衛は四十八歳だった。

千鶴子さんによると、団兵衛は藤吉の結婚後から、農業経営の実権を任せるようになった。そして戦後になってからは、いくらかの土地をもらって農作業をしていたが、それは趣味程度であって、経営の一員として働くことはなくなっていたという。

つまり、安高家の当主が団兵衛から藤吉へと代替わりしたので、団兵衛は農業の第一線から退き、記録を作成するのを止めたのだった。その時期が偶然にも、日本が戦前から戦後へと向かう時期と重なったと言えるだろう。

そうだとしても、この引き際の潔さは何だろう。記録が終わったのは、『家業日誌』だけではない。農業に関するあらゆる記録類の作成を中止している。団兵衛の人生にとって、大きな転機だったことがわかるだろう。

戦後まで続いた記録

戦後まで続いた記録は、途中で絶えた記録と、団兵衛が亡くなるまで続いた記録の二つに大別できるようだ。前者は⑦、⑪、⑫の三つで、まとめると⑪は粟屋正交会、⑦と⑫は下肥である。両者について紹介しておきたい。

粟屋正交会は一九二七（昭和二）年四月、粟屋区の軍人会員及び青年会員を対象に結成された組織である。名簿には、軍人会員三十一人、青年会員三十九人、合計七十人の名前が確認できる。名簿をよく見ると、すべて男性の名前のようであり、また青年会員の何人かは少し後になって軍人会員になっているのがわかる。

一九二九年十月に成立した会則によると、会員は毎月二〇銭を納め（兵役服務中は免除）、現役兵として入営する者及び召集による者には三円を、死亡の場合は一〇円を贈ることになっている。本会に会長一名、副会長一名、会計一名、貯金貸付委員二名（一九三〇年八月追加）、世話人（評議員）六名（軍人会員三名、青年会員三名）の役員を置き、総会で本区居住者の中から選挙することになっていた。この時、団兵衛は会計に選出されている。この会則とは別に、貯金貸付規定が定められ、本会の貯金を会員に限り一口一〇円貸し付けることができた。利子は一カ月一〇円につき一〇銭であった。

一九三一年三月十七日の定例総会をみてみよう。会員は会長宅に集まり、次の七件を協議、決定している。

一、区内各所の道印標本を保護する
二、毎月二〇銭の会費を、四月分の会費から一〇銭に減額する
三、会員が死亡した場合、本会より香典一〇銭を贈る（会則に追加）
四、正交会旗を新調する（天竺木綿白地に粟屋正交会と染め抜く）
五、役員は転居又は死亡の場合を除いて、改選期まで辞退しない（会則に追加）
六、役員改選の選挙（結果は略）
七、小学生の御宮掃除成績を調査し、一等から四等に分け商品を授与する

このように、粟屋正交会は将来の粟屋区を担う人材を、若いうちから養成する組織と言えるだろう。団兵衛の記録は、一九四八年度まで確認することができる（以上、安高文書）。

下肥については、団兵衛が八幡市の家庭と個別に契約していたことは既に述べた。往復四十キロの道のりを、肥樽で運んでいたこともである。ところが、そうしたやり方は、どうも一九四〇年ごろに変わったようだ。団兵衛を紹介した新聞記事「百姓は損得二番だ」

（『大阪毎日新聞』一九四二年十一月十八日）によると、二、三年前より八幡市から下肥を積んだトラックが来て、共同貯水槽に流すようになり便利になったという。団兵衛は少なくとも下肥を運ぶことはなくなっていた。

一九四四年七月二十九日、八幡市衛生課は各区の肥壺管理者を集めて、下肥処理について協議している。当然、団兵衛にも声が掛かった。八幡市では下肥の汲み取り人が極めて不足しているので、農民の援助をお願いしたいということだった。もちろん、市には多くの住民がいるわけだが、下肥を貴重な肥料として活用する農民の力を借りようとしたのだろう。八幡市は一九四〇年に人口二十六万人を超え、ここ十年間で約十万人も人口が急増していた。日中戦争以降、八幡製鉄所は生産を拡大しており、これにともない従業員が増大していたのが最も大きな要因だった。こうした急激な人口増に、下肥処理が追いつかなかったのであろう。

衛生課は汲み取り人に料金を支払い、市専属の自動車で各区に送ること、また各区が船で運ぶ場合は（肥船という）、奨励金を出すことを提示している。そのうえで、衛生課は各区の肥壺管理者に対し、汲み取り人の人数と出勤日を通知するよう要請した。団兵衛は早速翌三十日の部落常会で希望者を募ったところ、八月一日までに七人が申し込んだ。これすなわち「農村特志隊粟屋組」の誕生である。粟屋組の七人は、八月から八幡市の中央区や黒崎などに割り当てられ、下肥の汲み取りに従事している。

こうした取り組みは、人数や出勤日を変えながら戦後まで続いていた。八幡市から依頼が続いていたのだろう。団兵衛は農業の第一線から退いていたが、粟屋組には関わっていたようである。日記のページをめくっただけでも、「農村特志隊粟屋組」や「肥船」の文字を目にすることができる。団兵衛による粟屋組の記録は、一九五四年五月で終わっている。約十年間の出来事であった（以上、安高文書）。

団兵衛が亡くなるまで続けた記録について確認しておこう。①『金銭出納簿』、②『文通交際発信受信月日表』、④『就寝時間入浴回数統計簿』、⑧『国家、町、村、区内、家庭ニ於ケル重要記事録』、⑨『区内ノ諸記録簿』に、『日記（日誌）』を加えた六種である。団兵衛が亡くなる直前まで作成したのは、『日記』であった。最後は病床だったので、そうなったのだろう。『日記』は団兵衛の原点であり、団兵衛の生涯そのものであった。『国家、町、村、区内、家庭ニ於ケル重要記事録』と『区内ノ諸記録簿』は、団兵衛の関心が自分自身のことだけでなく、家庭、地域、そして国家と広がりをもっていたことを表している。団兵衛は生涯を通して、自ら修養を積み、行いを正しくすることに努めていた様子がある。そして団兵衛はそれを基点として、「公益」になることを目ざし、実践していた。たとえば、禁煙して貯金した金額を、在郷軍人会に寄付するといったようにである。こうした団兵衛の思考の型は、「修身・斉家・治国・平天下」という儒教の基本的な考え方を受容して、形作っているように思われる。

注目したいのは、『就寝時間入浴回数統計簿』である。これは農業生活に不可欠な記録だった。とすれば、農業から身を引いた戦後まで、それも亡くなるまで続けているのは、意外な気がする。長年の習慣だからだろうか。

戦後から開始した記録

最後に戦後始まった記録について説明する。戦後に始めた記録はいくつもあるが、とくに取り上げたいのは、次の三種である。

A　芦屋飛行場地区防風林伐採被害補償関係　一九五二―六一年
B　芦屋飛行場地区略農被害補償関係　一九五二―六一年
C　粟屋排水路関係　一九五三―五九年

三つともすべて芦屋飛行場に関係する記録であり、作成は一九五〇年代に集中している。そして当然だが、当面の問題が解決すると、記録は作成されなくなった。現在になってみると、芦屋飛行場が建設され、使用されるに際し、近辺の地域に与えた問題は何なのか、地域はその解決にどのように取り組んだのかについての第一級史料になっている。また団兵衛の〈記録魔〉ぶりを改めて認識することができる記録類になっている。とりわけ、A

については団兵衛が戦前に作成した記録が一躍注目を集めることになった。このことは、のちに詳しく説明したい。

終戦直後の団兵衛

戦時中に、団兵衛は多くの役職に就いていた。戦争が終わって、団兵衛の役職に変化はあったのだろうか。一九四六（昭和二十一）年一月現在、団兵衛自ら記している役職は次の通りである（安高文書）。

・県社神武天皇社奉賛会（発起者、理事会計）
・芦屋町警防団本部（分団長）
・食糧管理事務取扱員（米麦調査員）
・芦屋町先顕会（先賢顕彰会）（常任委員）
・芦屋町特別財産（砂山）管理委員
・芦屋町農業会（総代）
・芦屋町青果物統制組合（粟屋支部長）
・粟屋共同出荷組合（組合長兼理事会計）
・粟屋肥船組合（理事会計）

・粟屋正交会（理事会計）
・農村特志隊粟屋組（会計）
・遠賀村納税組合（組合長、粟屋組合長）
・芦屋町農業会経済部（信用評定委員）
・税務協力委員
・遠賀郡青果物価格協定委員
・芦屋町米麦供出委員

戦時中と比較すると、ほぼ同じ役職に就いているようである。翼賛壮年団は国民義勇隊へと解消し、国民義勇隊は終戦で解散しているので考慮しなくてよい。遠賀郡や芦屋町の経済に関する委員を外れているようだが、これも戦時中に限定してよいだろう。団兵衛の役職からみると、地元での役割が変わったわけではなさそうだ。

戦後間もないころの日記で、気になる出来事をあげておこう。

一九四六年一月三日、団兵衛は前年十月から腎臓炎を患っていることを記している。症状は軽かったが、安静にしておくことを命じられ、農作業など重労働はできなかった。先に述べたように、団兵衛は戦後直ぐ本格的な農業から退いているが、終戦前から健康状態が良くなく、医者から農作業を禁じられていたことも少なからず影響していただろう。

続いて三月に長女恵美子が結婚する予定で、安高家は突然人手不足になっている。そこで二月八日、大城区の小田勝視の仲介で熊本県天草郡から十九歳の女性を一人雇い入れている。それ以来、安高家は毎年天草郡より女性を雇うことになった。当初は一人だったが、二人、三人と次第に増えていった。安高家の雇い人は一九六〇年代前半に最も多く、二〇人を数えた。彼女らはよく「天草人寄り」という集いを催している。団兵衛は天草から来た女性たちの世話を細めにしていたという。

三月十一日、芦屋町長の長野政八と「天皇制護持ノ対策、如何ニシテ護持スルカノ件」（安高文書）について懇談している。長野政八（一八九三―一九五三）は芦屋町の魚問屋に生まれた。家業を営みながら、芦屋町の発展に尽くした町の名士である。

五日前の三月六日、政府は憲法改正草案要綱を発表し、マッカーサーは全面的に承認することを声明した。新憲法は天皇を日本国民統合の象徴と定めていた。その一方で、昭和天皇の退位が話題になっていたのである。

安高家は一九四七年に鶏舎と納屋を建てている。日記にはよく鶏舎、納屋についての書き込みがみられる。五月三日の欄には、「新憲法実施記念日　全国一斉休日祝フ」（安高文書）とある。日本国憲法が施行された日であった。十月二十六日の午後、団兵衛は岡湊神社で吉田三郎を祭主とした追悼慰霊祭に参列した。これまでに亡くなった弘道赤心社、大統社、大統社工業塾の関係者、頭山満顧問以下四十五人を追悼するためであった。

2　記録が評価される

注目を集めた戦前の記録

団兵衛が残した数ある記録のなかで、ここで取り上げるのは『農業作物別耕作明細表』である。もう一つ、『晴曇雨雪統計表』もあげておきたい。両者とも戦前で終わった記録類である。それらが、なぜ戦後になって脚光を浴びることになったのだろうか。前もって少し説明しておくと、作成者である団兵衛はじめ誰も予測できなかったであろうが、芦屋飛行場の防風林伐採による被害補償額の根拠として、この記録類のデータが決め手となったからである。そのいきさつについて述べてみたい。

この問題は、安高家の史料調査を行う前からよく知られていたようである。筆者もそういった話しを耳にしながら、詳しい内容やプロセスについてはまったく知らずにいた。このたび、この件について調べてみると、当時の農民の暮らしから、行政府や国会、さらには日米関係にまで及ぶ広がりと深さをもっていることがわかった。ただ全体を記述するのは、まだ調査研究が不十分であり、また団兵衛本人から遠ざかるので別の機会に譲りたい。ここでは、団兵衛の記録を中心に話を進めることにしよう。

神功皇后由来の三里松原

遠賀郡芦屋町、遠賀村（現遠賀町）、岡垣村（現岡垣町）の三カ町村一〇〇〇町歩の農地は、標高四一・五メートル以上の砂丘と、東西十二キロ、幅三キロにわたって生い茂った松林によって、シベリアから吹きつける寒風や響灘の潮風を防いでいた。住民にとってこの松林がいかに大切であったか、またどのようにして育成してきたのかを、「陳情書」でみておこう。

私達の子供の時、祖父達からよく聞かせられて居たことでありますが、芦屋町より岡垣村に連る三里松原は、昔神功皇后御臨幸の時に防風のために植えさせられたとのことであり、この御陰で芦屋町・遠賀村・岡垣村の農家は、東北風や北西風の風害を受けることなく、田畑の農耕を営むことが出来たのであります。それで昔から毎年春には松苗を補植したり又海岸の方面には新規に増植したり、尚松林の繁茂を盛んならしむる為には落松葉の掻取り禁示区域等も設置されるなど、又青松葉など一枝でも折取ることを見付けられたら処罰されるという有様で官民協力して増殖繁茂に努力して来たものであります。

又岡垣村の元松原や西黒山一帯に亘る防風林は、徳川の末期より数回に亘って海岸地帯に部落民が自発的植林に努め立派な防風林を作り上げたということに対し当時黒田侯より其の労に対して御墨付（感謝状）を下附されたこともあります。
又昭和九年・十年頃には海岸砂丘地帯に営林署の指示により男女青年団や婦人会等、数千人の奉仕作業で百余町歩の植林を致しまして緑濃き防風保安林が出来て居りますが、斯様にして愛護育成されて来たこの三里松原は私達近隣各町村の農業者にとっては誠に大切な防風保安林でありました。

（安高文書）

神功皇后は筑紫国から朝鮮半島に出兵したとされ、北部九州にいくつもの伝承を残している。ただ神功皇后は記紀神話の人物で、実在したかどうか諸説あるようだ。そうしたなか、三里松原の成り立ちに神功皇后が関わっているという言い伝えは、そのこと自体興味深い。

それはさておき、三カ町村の住民が、少なくとも江戸時代から松林を育成し、防風林としていたことがわかるだろう。そして農民はおもに野菜の促成栽培を行い、北九州工業地帯や筑豊炭鉱で販売することによって、生計を立てていたのである。

芦屋飛行場の建設

ところが一九三九（昭和十四）年、芦屋町で陸軍が飛行場の建設を始めてから、農作物に影響が現れるようになる。一九三七年に日中戦争が勃発すると、北九州工業地帯を守るため、北九州地方に戦闘機の飛行場を建設することになった。その用地として、遠賀川河口の三里松原が選定されたのである。当時の状況について、ある住民は次のように語っている。

日本軍の飛行場建設用地になって、昭和十四年に現地調査が施行され、松の伐採が確定した。そして伐採が開始されたが、伐採の途中で同年十一月十三日大城区北方の高台で、飛行場建設の起工式が挙行された。伐採については、当今のように機械鋸はなく、すべて在来の木挽の使っていた手引きの大鋸をもって、朝早くから日没まで、八〇有余人のきこりや人夫が入り込んで、この仕事に従事した。当時の賃金は男で一日八〇銭、女は六〇銭から六五銭であった。

（『芦屋町誌』）

淡々とした記述だが、戦時中でもあり、住民の気持ちはさぞ複雑であったろう。一九四二年に飛行場は完成するが、陸軍は松林を八キロにわたって伐採し、砂丘も海側へ地ならしして、農地より低い土地になった。この時から三カ町村の農地には、冷たい風が吹くようになり、春の陽気が半月以上遅れ、また秋は気温が早く低下するようになって、野菜類が減産するようになっていた。

さらに終戦後、アメリカ軍が飛行場を接収してから事態は悪化する。アメリカ軍は、約七五〇町歩（芦屋町で五〇〇町歩、岡垣村で二五〇町歩）の松林を伐採して飛行場を拡張したので、農作物に大きな被害をもたらすことになった。被害がひどい時は、農作物の収穫がなく、生活に困るようなこともあったという。

被害者組合の結成

一九五二（昭和二十七）年四月二十八日、サンフランシスコ講和条約、日米安全保障条約が発効した。しかし、条約が発効したあとも、芦屋飛行場は依然としてアメリカ軍が駐留を続けた。一九五〇年に勃発した朝鮮戦争は休戦に入っていたが、アメリカ軍は飛行場の返還どころか拡張を要求していた。

飛行場の南側に位置し、農作物の被害が大きかった芦屋町粟屋と大城の両部落は、委員を福岡県庁に派遣し、県知事に嘆願している。その結果、県と三カ町村が共同で現地調査を行って、政府に陳情することになった。そのため、芦屋町だけでなく遠賀村、岡垣村の被害者を加えて約一〇〇〇戸を組織し、同年七月十日「芦屋飛行場地区防風林伐採被害者組合」（以下、被害者組合）を創立した。

一、被害地域を被害一割以上の地区（遠賀村鹿児島本線以北）と限定する。
一、運動費として、一戸当たり百円及び耕作田畑一反当たり四十円徴収する。

（安高文書）

また実行委員十人を選出し、組合長に安高岩雄、副組合長に小野藤右衛門、辻守荘、資料係に安高団兵衛を選定している。団兵衛が資料係に選出されたのは、団兵衛の戦前の記録にあったようだ。そうだとすると、被害者組合はいずれ団兵衛の記録が役に立つと考えていたことになる。団兵衛はこのあと、被害者組合の幹部として、上京を繰り返した。

被害者組合は、まず被害地域の実態調査を行っている。飛行場建設後の被害を精査し、「陳情書」を作成した。防風林伐採によって、農作物にどのような被害がみられるようになったのか、「陳情書」で確認しておこう。

秋野菜の蒔付後など未だ小さい時には少しの強い風でも直接に野菜を吹きまくり吹き切ったら蒔き直しをせねばならず、そうすると播種の時期を遅れて成育がわるく、吹き切られずして蒔き直すことがなくても風のために吹き廻されて、味噌摺った如くなって根も葉も共に痛んで居るので中々成育がわるく遂に大不作大減収となり、時には生産費も償い得ぬことがあって、農業経営に困難を来たして居ります。

尚水田に於いても六月下旬から七月上旬に植付した水稲の出穂開花期には、防風林伐採後は塩分や砂塵を含んだ季節風のために出穂期間は遅れ又は包被を吹き破られて結実しない状態になる穂が多く、結実したものについても収穫期には黄金色であるべき籾の色は茶褐色に変じて、品質は低下し収量も大減収となり遠賀田圃や矢矧川流域に於ける水稲単作農家は、この数年間疲弊の一途を辿って居るのであります。

（安高文書）

そのほか、「陳情書」は果樹や竹林が枯れ死んだり、家屋が破損したりすることを記しており、陳情の項目は十を超えていた。

政府認定を覆した明細表

一九五二（昭和二十七）年十月、陳情団九人は上京し、福岡県東京事務所に宿泊、「陳情書」の提出先を探し回っている。陳情団は被害者組合の組合長、副組合長二人、資料係の計四人のほか遠賀地方事務所長、県農政課長補佐、県生涯課通訳、遠賀村助役、元県会議員から構成されていた。陳情団は順に調達庁、大蔵省、外務省、農林省を訪問している。

なお、調達庁の前身は、一九四七年に発足した特別調達庁である。特別調達庁は、駐留軍の需要に応じるため、施設（土地や建物）、物資、役務などの調達を目的としていた。一九五二年四月、講和条約の発効にともない、特別調達庁から調達庁に改称し、駐留軍の調達業務を管轄する行政官庁に転換している。

陳情団は大蔵省主計局主任から、日本軍の被害は全国一律補償しない、アメリカ軍占領後の間接被害に対しては、見舞金程度を交付する、ただし陸上については例がないとの説明を受けている。このころ、駐留軍による間接被害は全国で発生していた。各地から被害補償の申請が提出されるなか、政府は東京湾で営業する漁民に見舞金を出すことを検討していた。東京湾では防潜網や水中聴音機が設置されたことにより、魚の通路を遮られたうえ、漁民は碇を降ろすのを禁止されて、操業できなくなっていた。つまり、被害補償はアメリカ軍占領後の新しい被害についてのみ見舞金として支出する、ただし防風林伐採による被害の補償は前例がないということだったのである。

「陳情書」の被害額は、防風林伐採前生産額より現在の生産額を差し引いた金額、つまり日本軍飛行場時代の減産額とアメリカ軍飛行場時代の減産額を合算した金額であった。したがって、陳情団は被害額をアメリカ軍によるものだけに作り直して、資料を再提出することにした。「陳情書」に示した被害額は数千万円になっていた。

地元に戻った陳情団は、各区の委員会を開催、資料作成のため協力を求めている。アメリカ軍飛行場になってからの減産量を算出し、この減産量を作物別に集計し、一九四八年度から五十一年度に至る四カ年の作物別平均価額に乗じて総被害額を計算している。こうして作成した資料は、一部四貫目（約十五キロ）もあったという。

ところが、この資料をいつどこに提出したのか、そのまま提出したのか、よくわからな

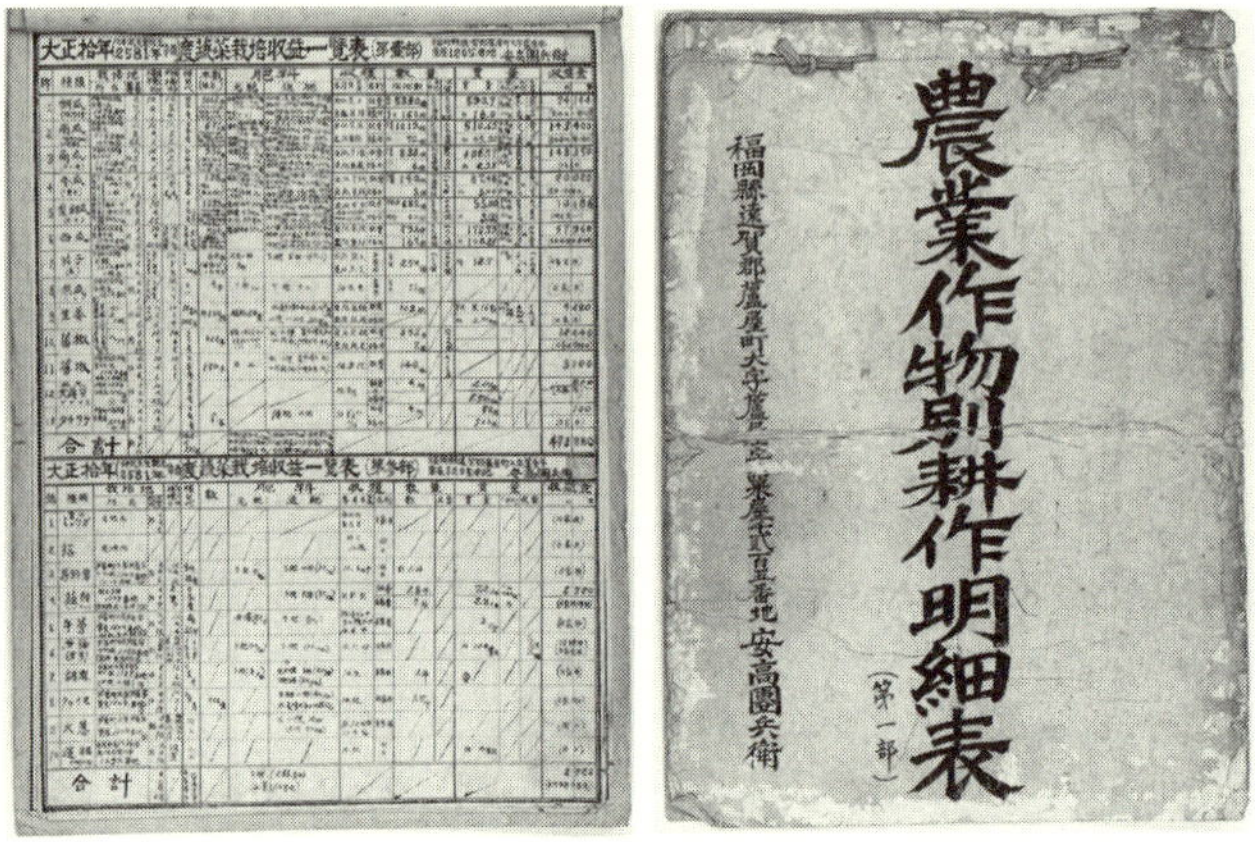

野菜の種類ごとに、細かく記録している。これをみると、ある野菜の収穫が一目でわかる

い。団兵衛の記述から類推すると、おそらく一九五三年二月、陳情団が四回目に上京した時に提出した、あるいは使用したのではないだろうか。

この時、陳情団は農林省農地局管理部入植課の課員と入念な打ち合わせをしている。二月十四日から四日連続で、入植課長の指導により、調達庁と大蔵省に提出する資料について検討している。団兵衛はその結果をもとに、毎晩遅くまで資料作りに精を出した。団兵衛は持参した戦前の記録をもとに、新たに資料を作成し、整備したと思われる。

そうした打ち合わせの最中であろう。入植課の課員は陳情団が持参してきた膨大な量の資料に驚くが、防風林伐採前の生産量のデータが確実ではないので、実際の被害額が判明しないと指摘した。課員は福岡県庁はじめ遠賀郡農会、各市町村農会などに問い合わせるが、防風林伐採前、すなわち一九三九年以前の生産量の記録はどこにも残っていなかった。課員が被害額を認定できないと難色を示していた時、団兵衛が「大正年間より昭和十年頃に至る我が農業耕作種目別明細表にて年間四季作耕作記録に依って、その平均収量（これ神仏に対しても恥ずかしからぬ真実の記録なり）を算出したるものを基準とせしものなり」（安高文書）と述べ、持参していた『農業作物別耕作明細表』を見せている。その場にいた課長はじめ課員は、この記録を見て、さすがに「感嘆納得」（安高文書）したという。

この時のやり取りは、さぞかし痛快だったことだろう。団兵衛も安高家の農業経営のため日々つけてきた記録が、このような状況で政府の職員に認められるとは思ってもみなかったのではないだろうか。こうして、団兵衛の記録は、防風林伐採による被害補償額を算定する根拠となったのである。しかし、被害補償金を獲得しようとする団兵衛たちの闘いは、まだ始まったばかりだった。

防風林伐採被害の実態

ここに被害状況を示す、いくつかのデータがある。まず芦屋町役場の資料（安高文書）による農作物と家屋の被害について要約しておこう。

○キュウリ、カボチャ、トマト、スイカなどの夏野菜
苗の植え出しが、防風林伐採前より十五日から二十日遅れ、発育不良
○大根、白菜などの秋野菜
季節風のため生え立ちのものは吹き切られて全滅
○ジャガイモ、サツマイモなど
春の寒冷気候のため早植えができない、半月以上遅く植える
○果樹、竹林など
年々枯れ死ぬ、残ったものも発育不良
○家屋
風害のほこりで、白アリの発生が多い　屋根、ガラス戸の破損が多い
井戸水は飛行場のガソリンが浸出して飲料水に使えない

表3は一九三九（昭和十四）年と一九五一年における芦屋町粟屋における農作物の生産量を比較している。団兵衛は粟屋に住んでいるので、おそらくこの数値は団兵衛が記録したものであろう。

とにかく、一見しただけでは、にわかに信じることができない数字が並んでいる。どの農作物も生産量が激減しているのがわかるだろう。稲、その他の野菜はさておき、最も生

農作物	1939年	1951年
稲	2石5斗7升5合	1石7斗6升6合
きゅうり	1110貫	81貫
トマト	780貫	12貫
かぼちゃ	572貫	19貫
大根	2108貫	169貫
白菜	1650貫	185貫
その他の野菜	934貫	160貫

表3　芦屋町粟屋の農作物生産量（反当たり）の推移
（出典：『毎日新聞』1953年3月14日）
注：1貫は3.75キログラム

産量の多い白菜で、一九三九年の一一・二%である。トマトにいたっては、わずか一・五%であった。激減というより、ほぼ全滅と言ったほうがいいかもしれない。この数字は反（約一〇アール）当たりの生産量を示しているので、面積をすべて合わせると、どんな数字になるのだろうか。団兵衛の記録は、わずか十二年の間に何が起こったのかを明確に伝えている。

　では、被害の大きさはどれほどだったのだろうか。一九三六年から四〇年までの五カ年を基準とし、一九四八年から五一年まで四カ年の各町村の被害額を計算すると、一億一〇七七万九三〇〇円になるという。一年間になおすと、二五〇〇万円以上の減収になり、被害者一人平均三万円近い数字になっている。一九四七年以前を合わせると、さらに大きな数字になるのは言うまでもない。

　農業に従事していた住民にとって、飛行場建設による防風林の伐採は、農作物や家屋に甚大な被害をもたらし、生活を脅かす一大事だったのである。

陳情団、中村寅太衆議院議員と会う

一九五二（昭和二十七）年十月、陳情団が初めて上京した時に、アメリカ軍による被害額のみの資料を作成し再提出することにしたことは既に述べた。同時に、飛行場を新たに拡張することを阻止すること、いずれ政治で解決しなければならなくなるので国会議員に働きかけることを決めている。

同年十二月、二度目の上京に際して、陳情団は政府関係者に会うとともに福岡県選出の衆参両院議員と個別に面談している。衆議院議員の福岡県選挙区は四区に分かれ、定数は四人か五人であった。また自由民主党と日本社会党が結成され、二大政党と称された一九五五年以前であり、保守や革新を名乗る多くの政党が存在していた。そのような状況で、陳情団は特定の選挙区や党派にあまり関係なく面談しているようである。ただし、全員と面談したわけではなく、何らかの選択は働いたようだ。さらに陳情団は福岡県選出の衆参両院議員と会合をもったあと、坂田英一農林委員長と面談し、要望を委員会にかけてもらうよう陳情している。

二十人を超す福岡県選出の国会議員のなかで、陳情団が最も期待をかけたのが、中村寅太衆議院議員だった。中村議員はもともと農業を営んでおり、この当時農林委員だったからであろう。中村寅太（一九〇二―七八）は、糸島郡志摩町（現糸島市）出身の政治家である。農業に従事しつつ、産業組合、農業会で要職を務めたのち、一九四六年福岡県農村連

盟を結成、書記長になっている。翌年福岡県第一区から衆議院議員に当選、以来十期務めている。一九四九年農民協同党結成に参加して書記長に就任、一九五二年改進党結成に参加し、副幹事長になっていた。

陳情団は十二月六日に中村議員と会っている。同夜、中村議員はある閣僚に電話をかけ、翌日陳情団を連れて自宅を訪問する約束をとりつけている。その閣僚の名は、広川弘禅農林大臣であった。

団兵衛の記録は「世界一」

広川弘禅（一九〇二―六七）は、福島県の曹洞宗寺院に生まれた。若くして東京へ出て、曹洞宗大学（現駒沢大学）に入学している。その後、東京市会議員、同府会議員を経て、一九四〇（昭和十五）年の補欠選挙で東京三区から初当選している。広川は日本自由党、民主自由党、自由党に所属、吉田茂に取り立てられ、一九五〇年から第三次吉田内閣の農林大臣兼行政管理庁長官を務めている。党内では民自党幹事長、自由党総務会長を歴任した。一九五二年十月に発足した第四次吉田内閣にも農相として入閣している。

広川弘禅は、農林大臣に三度就任し、「広川農政」と称される（『追想の広川弘禅』より）

ちなみに、広川はいわゆる吉田首相の「バカヤロー」発言をめぐって、反吉田の立場をとったため、吉田首相に農相を罷免された。広川は一貫性のない政治姿勢をとるため評価は分かれるが、当時の大物政治家の一人であった。

団兵衛の記録によると、陳情団のメンバーは午前三時に起床、五時に広川農相の自宅を訪れている。広川は既に起きて待っていた。広川は中村議員ほか陳情団一行を自宅の菜園に案内したあと、朝食をとりながら話しを聞いている。その話しの最中に、次のようなシーンがあったらしい。

話の中にて我地方にての農産の収穫統計がないので、被害なき以前に収量が如何程あったか不明で、被害の程度が判らぬと農林省、大蔵省は云はれるか、あ団（安高団兵衛の略称、筆者注）の昭和十年頃の記帳統計に依り判然として居ることを話しつゝ、統計表を見せた所、農林大臣もその緻密なる実績統計表に感激されて、「これは何よりも立派な証拠である。この記録は日本一だと同時に世界一だ」と賞賛の言葉を賜はった。（安高文書）

この広川の発言が、団兵衛の記録は日本一、さらには世界一との評判を呼ぶようになったのである。なお、陳情団一行が広川農相の自宅を退出したのは、七時五十分であった。

しかし、現閣僚が冬の早朝に自宅で三時間近くも相手をしていることに驚く。早朝から客を自宅に招いて陳情などを聞くのは、広川のスタイルであった。

被害もたらす風向の統計

広川農相の自宅を訪問した二日後の十二月九日、陳情団は衆参両院の農林委員会に緊急動議を要請している。その時、「陳情懇談した中に防風林のあった方から吹く風は何割位いあるかといふ事を聞かれて」（安高文書）、急遽作成したのが『風方向別統計表』である。団兵衛は一九二〇（大正九）年以降、晴れ、曇り、雨などの天候、さらに風向きを毎日記入し、一年間の統計を作成していた。

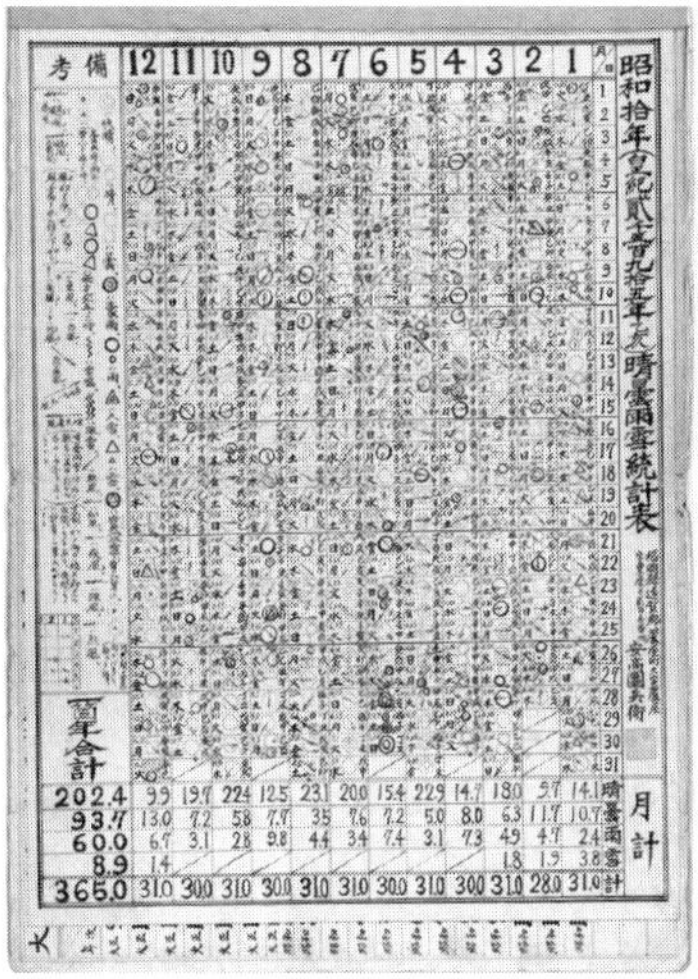

ある日の天候、風向を細かく記録している。またどんな天気や風だったのかも、凡例を作成して明記している

それが『晴曇雨雪統計表』である。

団兵衛はこの記録から一九二六年より三六（昭和十二）年までの十年間を取り上げて、新たに『風方向別統計表』を作成し、農林委員会に提出している。

この『風方向別統計表』がどのようなものであったか、確認しておこう。団兵衛は八種の風向を記録し、統計を取っている。この統計によると、風害を起こす西風、西北風、北風、北東風は合計一六九七回、東風、東南風、南風、西南風など害のない風は合計八二九回であった。有害な風とは海側から、すなわち響灘から吹く風をさしているようである。

そう考えて、もう一度数値をみてみると、有害な風は無害な風の二倍以上に達している。防風林を伐採する前で、この数字である。とすると、防風林を伐採したあと、いかに有害な風が吹いたかを推測することができるだろう。

このように、陳情団の二回目の上京において、『農業作物別耕作明細表』は広川農相によって評価され、『風方向別統計表』は農林委員会に提出されて、団兵衛の記録は一躍注目されることになったのである。

3　記録が住民を救う

陳情団、四回目の上京

一九五三（昭和二十八）年に入って、被害者組合は地元で実行理事会及び各部落の委員会を開催している。ここで、組合員は一致団結して補償金を獲得する決意を固めている。また、補償金を獲得した場合の配分方法を申し合わせてもいた。

同年二月、陳情団は被害者組合の四人をはじめとする総勢八人で上京した。陳情団は前年十二月下旬、大蔵省の要請で急遽東京へ出向いていたので、今回は四回目の上京になる。滞在期間は、二月十三日から三月二十六日まで四十日間を超える長丁場になっている。陳情団は一週間ほどで、二月二十日ごろには決着するだろうと考えていたので、まさに想定外の長期滞在であった。後から振り返ると、四回目の上京が補償金を獲得する最大の山場であったといってよいだろう。

いつものように福岡県東京事務所に宿をとった陳情団は、既に述べたように農林省の入植課長の指導のもと、現地で資料を作成している。なかでも団兵衛が中心になって、資料作りを進めたことだろう。こうして完成した資料は、陳情書を添えて調達庁と大蔵省に提出している。

二月十九日の午後、陳情団が大蔵省を訪問してから事態は急変する。資料の説明を終えたあと、主計官に補償金額を打診したところ、「かかる如き間接被害には補償金の法令なく、一時見舞金を交付すべきもので、その額は補償金に対比の物でなく、約二百万円くらいか」(安高文書)との返答だった。陳情団も見舞金程度といったことは聞いていたが、予想外の金額に言葉を失ったことだろう。被害者組合が申請した補償金額は、約一億一〇〇〇万円である。雲泥の差であった。

陳情団は緊急に会議を開き、見舞金は一時金であること、一戸平均二〇〇〇円程度にしかならないことを確かめ、さらに地元で大会を開催し、駐留軍の撤退を要求するしかないことを決議している。副組合長の辻守荘が地元に帰って大会を開くため、東京を発ったのは二月二十一日の夜半であった。当時、急行列車でまる一日かかっているが、翌二十二日中には着いたであろう。

被害者組合は二日二十四日に遠賀村役場で実行委員会を開き、「被害者組合大会」の開催を決めている。その概要は、次の通りであった。

開催期日：二月二十六日　午前九時
場所：芦屋町岡湊神社
動員：一戸一名以上（不参加の者は、補償金の半額を減ずる）
運営委員：各町村三名（芦屋町、遠賀村、岡垣村）
各部落より旗一本づつ、弁士は各町村一名以上、政党の応援は受け入れる

（安高文書）

翌二十五日に大会運営委員会を行い、役員や係の役割、プログラムなどを定め、大会に備えた。

「ハダカ」になった芦屋の農地

このころ、被害者組合の主張にようやく人々の注意が集まりつつあった。二月十七日、福岡調達局は地元農民代表を含めた調査団を結成し、現地調査を行っている。福岡調達局は、特別調達庁が一九四九（昭和二十四）年に改組した時、駐留軍の管轄区域に対応して全国に設置された八つの調達局の一つであった。

調査の様子は、翌十八日付の『朝日新聞』に「『ハダカ』になった芦屋の農地　農作物に大被害　調査団も予想外と驚く」という見出しで掲載されている。調査団の中心であった福岡管区気象台調査課長の横尾農学博士は、「麦の穂や白菜の葉、樹木の成長ぶりなどつぶさに調査、丹念にカメラに収めて証拠書類作成の準備を始めた」と紹介されている。横尾は新聞記者に次のように語っていた。

　初めて現場を見てひどい被害に驚いた。こゝは季節風が直接吹きつけるところで松林をかり取ったのは農民にとって死活問題だろう。よくこれまで我慢したものと思う。カキやミカンや水稲など特に成長が悪い。しかしこの調査には相当期間の研究が必要だ。基地が出来る前の当地の実情がわかれば参考になるのだが。

続いて、永淵福岡調達局事業部長は、左記の通りコメントしている。

実情はよくわかった。気の毒な状態だと思う。しかし被害者組合が出した補償額を如何にして科学的に裏づけるかが困難だ。補償の問題は今後の課題として、もうひとつ根本的な防災対策も考えねばならない。中央機関とも検討し合うつもりだ。

このように、被害者組合が結成されて八カ月たったころ、当事者ではない人々がようやく事態の深刻さに気づき始めた。新聞には地元農民である小野重吉の発言も掲載されており、対照的な認識の違いをみせている。

この四、五年以来作物の収穫が減って農家は肥料も買えぬほど窮乏している。このまゝ行けばジリ貧に落ちるばかりだ。特別調達庁では見舞金程度は出すといっているがそんなことでは農家は救えぬだろう。農家だったものが生活に困って基地労務者に変るという傾向もある。

この記事を読むと、農民の切迫した状態を感じることができるだろう。

筵旗立て決起！

二月二十六日、大会は予定の時間を一時間ほど遅れ、午前十時から始まった。筵旗や幟を手に組合員約八〇〇人が、早朝から芦屋町の岡湊神社に集結している。「総決起大会」の様子を、新聞の紙面で再現してみよう。

この日、朝早くから「被害者一千戸の血の叫びに政府は目覚めよ」「要求をいれないなら米軍は即時撤退」などと書いたノボリを打ちたてた農民達が続々と会場に集り、静かな境内に緊張した空気が流れた。大会議長に遠賀村柴田貫蔵氏を選出、岡垣村の辻守壮氏から「近く生れる特別損害補償法により講和発効後の被害額の六〇％即ち約五百万円程度が見舞金として出るだろう。このような政府の態度は農民を見殺しにするものだ」と説明、農民も喚声をあげてこれに呼応するなど大会は最初から興奮に包まれた。

（『朝日新聞』一九五三年二月二十七日）

会場の熱気とともにプログラムは進み、決議文と四項目の要求を満場一致で採択した。引用が長くなるが、全文を紹介しておきたい。

決議文

聖戦の美名の下に侵略の暴挙を恣しいまゝにせし軍閥は、農地と表裏一体なる防風保安林を農民の承諾を求むることなく伐採し、県民を駆使して飛行場を設置せり。昭和二十年八月敗戦後、専ら米軍進駐飛行場を拡大使用すること七年数ヶ月に及べり。日本軍の伐採以来十数ヶ年の歳月を経ぬ、此の間の被害又実に甚大にして、農業経営を危殆に瀕せしむ。昨年四月講和条約成立し、吾国独立と共に米軍は撤退するものと予期し居たるも、却って拡大し無期駐留と決定するに当り、昨年六月被害者組合を結成し、緻密なる資料を調製、政府に対し一億一千万円の被害額補償方を陳情せり。然るに、政府は資料の不完備の名の下に再三資料の再提出を要求、徒らに月日の遷延を計り、愈資料完備するに当りては僅少なる見舞金を以って吾等の要求を一蹴せんとす。これ明かに吾等農民の苦衷を蹂躙する暴挙にして、農民の犠牲に於て政治を行はんとする政府と断定せざるを得ざるなり。茲に於て、吾等被害者農民は蹶然起って大会を開催し、大会の名に於て左記事項を決議し、政府の反省を促し目的完遂を期す。

左記

一、被害補償金全額即時支給
一、残存防風林の伐採絶対反対
一、恒久的防災対策の即時実施
一、補償の要求に応ぜざれば即時飛行場を撤退せしめよ

右決議す

昭和二十八年二月二十六日
芦屋飛行場地区防風林伐採被害者組合大会
内閣総理大臣吉田茂閣下

（安高文書）

最後に万歳三唱でプログラムが終了すると、次はデモ行進にうつった。岡湊神社を出発したデモ隊は、芦屋町役場を経由して芦屋飛行場に押しかけ、ケーシー司令官に面会を要求した。被害者組合代表は通訳をともなってケーシー司令官と面談、決議文を手渡した。ケーシー司令官は初めて実情を知り、アメリカ極東軍司令部に報告することを約束したという。

「補償」もっと寄越せ
芦屋町で決起大会

ムシロ旗を立てて農民決起大会

総決起大会の様子を伝える翌日の新聞記事
（『朝日新聞』1953年2月27日）

　その後、デモ隊は遠賀川駅で解散したが、さらに各部落の代表約三十人ほどがトラック数台に乗り込み福岡市へ向かった。部落代表一行は福岡調達局、福岡県庁を相次いで訪問、決議文を渡している。辻副組合長は決議文を携えて当日中に上京、翌二十七日に福岡県東京事務所に到着して、陳情団と合流している。

　新聞各社は記事の見出しを、「『補償』もっと寄越せ」

（『朝日新聞』）、「あくまで全額補償を」（『西日本新聞』）、「補償金をもっと出せ」（『夕刊フクニチ』）、「応じねば飛行場撤収せよ」（『毎日新聞』）とストレートな表現で報じた。総決起大会は、遠賀郡の被害農民による二・二六事件であった。

時代の記録

筆者が一九五〇年代の出来事を詳しく書くことができるのは、まったく団兵衛の記録のおかげである。団兵衛の〈記録魔〉ぶりについては、さまざまな側面から説明してきた。団兵衛は被害者組合の幹部として、地元と東京を何度も往復しているが、同時に日誌をはじめ詳細な記録を残している。たとえば、被害者組合に関する書類がほぼ年度ごとにまとめられて冊子になっており、誰が見てもわかりやすくなっている。筆者も日々書類の山に接しているので、かくありたいとは思うものの、結局は机の上にたまり、時間がたったあとゴミ箱へ向かうのがオチである。団兵衛はまさに〝時代の記録者〟と言えよう。

その記録も詳細であった。一つ例を挙げてみよう。筆者が興味深く感じるのは、一九五三（昭和二十八）年三月一日の日誌である。この日、団兵衛は午前二時五十九分から記帳し、五時四十分に外出して、広川弘禅農林大臣の自宅を訪れている。団兵衛は一人で訪問しているようだが、直接広川農相と会うことができる仲になっていたらしい。その途中で病院の火事を目撃している。よほど印象的だったのか、『内外タイムス』からその記事を日誌に書き写している。

広川農相と会談したあと、午前十時半に毎日新聞社を訪問し、その後日活の地下室でパチンコをしている。そして、午後三時に帝国劇場で映画「初恋物語」を見ている。傍らに小さく「入場料一人二七〇円」（安高文書）と記しているのを目にしたときには、思わずにやりとしてしまった。

勝ち取った補償金

本論に戻ろう。東京の陳情団は、総決起大会に勇気づけられて、活動を展開した。陳情団は補償金の増額を勝ち取るために、あらゆる手段を尽くしているといってよい。団兵衛が広川農相に会ったのも、大蔵省が小額の見舞金で済ませようとしていることを訴え、農林省から圧力をかけてもらうようお願いするためであった。広川農相は農林委員であった福岡県選出の中村寅太衆議院議員に話すことを約束する一方、子孫のために恒久的な防災対策を立てることを提案している。団兵衛の記録によると、こういった間接被害に政府が補償金を出すのは例がないので、大蔵省、調達庁、農林省の間で、手順や金額をめぐり時間がかかっていたようである。

ところで、団兵衛の記録は、三月三日をさかいに大きく変化している。この日、妻リキノが脳出血で意識不明という電報を藤吉から受け取ったためである。電報に接した団兵衛は、陳情団を離れ、急ぎ東京から芦屋町の自宅に戻っている。この間、日誌は妻への想いにあふれている。紙面の文字はちりぢりに乱れ、読むのも痛々しいほどであった。幸いリキノは命をとりとめ、小康状態になっている。

東京に残った陳情団は、地元の動きと呼応しながら、ようやく三月二十六日に帰ってきた。地元を出発してから、四十数日が経過していた。陳情団は疲れを癒やす間もなく、翌二十七日部落代表者会議を開催している。このなかで、見舞金一八〇〇万円に、恒久的な防災対策費として一〇〇〇万円を獲得したことが報告されている(この防災対策費一〇〇〇万円は、実際には補償金九四〇万円になる)。

同月二十九日、被害者組合大会を開き、見舞金の配分方法を決定している。ほかにも、恒久的な防災対策の件、「特損法」に関する件を協議している。特損法は議会に提出されていたが、会期中に解散したため、成立せずに終わっていた。この法律は正式には「日本国に駐留するアメリカ合衆国軍隊の行為による特別損失の補償に関する法律」と呼ばれ、一九五三(昭和二十六)年八月に成立した。

こうして、被害者組合は地元と東京の両方で連携しながら粘り強く活動し、当初の金額一億一〇〇〇万円には及ばなかったが、一八〇〇万円を獲得することに成功したのである。ところが、これで終わりではなかった。さらに団兵衛たちの闘いは続くのである。

被害補償の行方

被害者組合は一九五二（昭和二十七）年度の補償金九四〇万円を皮切りに、五三年度と五四年度の補償金、両年度分二〇〇〇万円を獲得した。この直後、「お手柄！団兵衛さん三六年の日記　補償交渉に役立つ　芦屋千戸の農民救う」という新聞記事が掲載されている（『朝日新聞』一九五五年十二月二十三日夕刊）。このなかで、安高組合長は、「全く団兵衛さんのお手柄だ。あの日記がなかったら補償問題はさぞ難航していたろう」と語っている。繰り返し強調しておくが、団兵衛が戦前に作成した『農業作物別耕作明細表』などの記録類が、補償金獲得の決め手になったのである。

このあとも団兵衛は深く関わっているが、その経緯は本人及び記録から離れるので、概要のみ説明しておこう。政府は毎年度の補償金を打ち切るかわりに、恒久的な対策として畑地灌漑工事を提案している。被害者組合はそれまで補償金を獲得するとともに、防風林の復元や農業経営の転換を模索していたが、協議の結果政府案に賛成することになった。

この政府案に対応するため、一九五七年八月、「芦屋台地土地改良区」（以下、土地改良区）が創立された。畑地灌漑工事は土地改良区が作成した計画にもとづいて行われている。工事は芦屋、遠賀、岡垣三町村にわたり、国費一億二二〇〇万円を投じ、畑地一六〇町歩に配水することになった。まさに一大事業である。施設が完成すれば、芦屋台地の生産力は四倍になって、全農家の収入は年額一億五〇〇〇万円になると見込んでいた。

工事は九カ月を要して、一九五八年七月に竣工した。この工事に先立ち、一九五七年八月、被害農地復旧第一号として三町村をつなぐ農道が完成している。この農道によって農作物を北九州地方へ輸送することが容易になり、一般の交通路としても喜ばれているという。地元住民にとって、畑地灌漑工事は地域再生のシンボル的な存在になっていた。

なお、被害者組合は一九六一年四月三日に解散した（表4）。団兵衛は一九五二年結成以来の役員であり、また貴重な資料と整備に貢献したとして感謝状を贈呈されている。一九五二年七月十日に被害者組合を結成してから、ちょうど十年目の春であった。

横領疑惑

しかし、団兵衛たちの活動がすべて順調だったわけではない。土地改良区の設立を決定し、畑地灌漑工事を計画したころに、ある事件が起きた。被害者組合幹部による補償金横領疑惑である。この疑惑とは何だったのか。現在、筆者の手元にある史料は団兵衛の書類綴りのみである。大半は団兵衛の手書きによる記録類だが、新聞記事の切り抜きなども含まれている。

一九五七（昭和三十二）年三月一日付の『朝日新聞』によると、折尾署は二月二十八日、被害者組合の安高岩雄前組合長、井口強及び辻守荘前副組合長、そして安高団兵衛前書記の計四人を業務上横領の疑いで地検小倉支部に書類送検したことを報じている。今まで交

1952（昭和27）年	7月10日	「芦屋飛行場地区防風林伐採被害者組合」結成
	12月 7日	陳情団、広川弘禅農林大臣の自宅を訪問
1953（昭和28）年	2月17日	福岡調達局、調査団を結成し現地調査を行う
	2月26日	被害者組合大会（組合員約800人参加）。決議文を可決
	3月29日	被害者組合大会。見舞金を配分、次年度の補償申請書の作成を決定
	5月21日	陳情団上京。見舞金のお礼回り、特損法成立を陳情
	8月25日	特損法成立
1954（昭和29）年	10月 1日	被害者組合大会。「宣言」を承認、5項目の「決議」を可決（恒久対策へ）
1955（昭和30）年	7月19日	拡大理事会。「畑地灌漑組合」結成を決議
1956（昭和31）年	10月26日	「土地改良組合結成準備委員会」開催
	12月14日	臨時総会。畑地灌漑工事の地元負担金廃止、補償金横領疑惑
1957（昭和32）年	2月28日	折尾警察署、被害者組合幹部４人を補償金横領の疑いで地検小倉支部に書類送検
	8月 1日	「芦屋台地土地改良区創立総会」開催
	9月 1日	拡大理事会。1955・56両年度補償申請を決議（補償は1954年度限りの方針に反対）
	11月	畑地灌漑工事着工（～翌年7月竣工）
1958（昭和33）年	7月24日	陳情団と三原朝雄県議、補償申請について福岡調達局を訪問
1959（昭和34）年	2月 3日	拡大理事会。新事態（条約発効後の被害）の調査と1955・56両年度補償申請を決議
1960（昭和35）年	8月 4日	福岡調達局、調査団を結成し新事態の現地調査を行う
	10月 3日	拡大理事会。新事態の申請書作成、渡辺本治代議士（福岡県第2区）支援を決議
	12月21日	渡辺本治より1955年度補償金内払いを通知、新事態の申請ほか取り下げを要請
	12月27日	被害者組合、1956年度補償金及び新事態の申請を断念
1961（昭和36）年	4月 3日	拡大理事会。解散を決議

表4　被害者組合年表（出典：安高文書より作成）

付された補償金四四〇〇万円のうち、相当の金額を遊興費その他に使った疑いである。当初は四人とも補償金横領容疑であったが、事実が明らかになるにつれて、安高前組合長のみ組合費横領容疑で裁判になった。地裁は有罪を言い渡したが、高裁では証拠不十分で無罪になっている。

横領疑惑が起こった時、組合員の反応はさまざまだった。幹部が力を尽くして補償金を獲得したことをたたえ、これから工事が始まるので今まで通り貢献してほしい、つまり退任するのではなく留任することを望んだ組合員は多かった。実際に、幹部たちは一旦辞意を撤回している。しかし、事態を正すことを求める組合員によって、結局四人とも役職を退くことになったのである。

こうした被害者組合の危機的な状況において、スムーズな幹部交代をはかったのが、地元出身の県会議員三原朝雄である。この時、福岡県議会副議長のポストについていた。三原は一九五七年八月、新旧の幹部を自宅に招待し、懇談会を開いている。三原はこの事件は調査中であるが、地元では和解していることを述べ、「補償工事完遂に対して新旧役員は一致協力、工事の完遂に邁進することが必要でありますので、本日茲に懇談会を開いたのであります」（安高文書）と説明した。そして旧幹部四人を相談役にするよう、拡大理事会にはかることを決めている。三原は被害者組合が結成された当初から被害補償に関わっており、調整役にはうってつけであった。それにしても、見事な収め方である。

三原は米寿を迎えた時、『わが激動の八十八年』（私家版、一九九六年）という回顧録を出版している。この本にもとづいて、彼の生い立ちを少し紹介しておこう。

三原朝雄

三原朝雄（一九〇九—二〇〇一）は、遠賀郡嶋門村（現遠賀町）大字鬼津出身の政治家である。一九〇九（明治四十二）年、三原は父幸太郎、母ツタノの次男として生まれた。生家はおもに葡萄をつくっていたが、収入は少なく貧しかったという。東筑中学校を卒業して明治大学に入学、在学中に愛国学生連盟を組織するとともに、頭山満、末永節、内田良平といった右翼の大物を訪ねている。頭山からは、「天下国家のために御奉公すれば御天道様と米のメシは、ついて回るもんだよ」と教えられ、終生政治活動の支えにしている。三原は明治大学を卒業したあと、一九三二（昭和七）年に満州へ渡っている。満州国政府に就職するためであった。

国政に初めて参加したころの三原朝雄。初当選は1963年（『わが激動の八十八年』より）

終戦後は地元に帰り、近くの青年たちを集めて、農村再建のための運動を始めている。この運動は全県に広がり、一九四六年福岡県農村青年連盟が結成された。この時の同志に中村寅太がいる。また、遠賀税務署を相手に徴税のあり方をめぐって闘ってもいる。

一九五〇年、福岡県議会議員補欠選挙に当選、以来五期十三年間にわたって県議を務めた。この間、三原は被害者組合幹部の上京に同行したり、委員会に出席したり、よく行動を共にしていた。つまり、団兵衛ら旧幹部と親密な間柄だったのである。また、県議の立場をいかして、福岡県や政府と交渉し、パイプ役として奔走している。被害者組合は、一九五三年に見舞金を獲得した時、その功労に報いるため、三原に謝礼金を贈っている。それだけ、三原の働きぶりは際だっていた。その後も、団兵衛の記録にその名が頻繁に出ている。

一九六三年、三原は衆議院議員選挙に初当選して以降、国政に従事している。自民党に属し、文相、防衛庁長官、総理府総務長官を歴任した。その間、有事法制や元号問題の研究を手がけ、「タカ派のドン」として知られた。

県議時代はさまざまなプロジェクトに取り組んでいる。私家版を読むと、筑豊炭田閉山及び鉱害復旧の対策、アメリカ軍基地周辺の整備事業、自民党福岡県連の結成、北九州市の誕生など地元福岡県の問題によく関わっているのがわかる。

ところが、芦屋飛行場の被害補償についての記述はまったく出てこない。もとより、政治活動のすべてを書き尽くすことはできないだろう。としても、三原は出身地で起こったこの問題をどのように考えていたのだろうか。それも、今となっては三原本人から知るよしはない。ただその足跡は、団兵衛の筆によって、確かに書き留められている。

4　団兵衛の遺したもの

被害者組合の団兵衛

被害者組合はどのような成果を手に入れたのだろうか。補償金額表のデータで確認しておこう（表5）。被害者組合は一九四八（昭和二十三）年度から五五年度までの八カ年で四億一六〇〇万円を請求し、六〇〇〇万円を獲得している。その割合は一四％であった。単年度の申請額は四九〇〇万円から一億一〇〇〇万円、同じく受領額は九四〇万円から一五〇〇万円、申請額に対する受領額の割合は一三％から一九％に当たる。被害者組合の申請額に対して、政府は一〇％を超える程度の金額しか認めなかったのがわかる。

被害補償金の打ち切りとして畑地灌漑施設が造られたことは大きいだろう。この施設が完成したのは一九五八年である。それから四〇年が過ぎた二〇〇〇（平成十二）年、畑地灌漑施設の全面改修事業が決定した。団兵衛の孫にあたる安高澄夫氏が、土地改良区の施設改修事業特別委員長として取り組んでいる。澄夫氏によると、防衛庁に対する陳情にお

年度別	申請額	受領額	割合
1948－51年度	110,779,309	14,307,555	12.9%
1952年度	49,485,826	9,421,670	19.0%
1953年度	64,552,139	9,472,790	14.7%
1954年度	85,844,122	11,642,495	13.6%
1955年度	105,790,855	15,287,901	14.5%
計	416,452,251	60,132,411	14.4%

表5　補償金額表（出典：安高文書O33より作成）

いて同じような行政の壁にぶつかったが、団兵衛の記録が役立ち具体化することができたそうだ。団兵衛の記録は、ここでも貢献したわけである。

施設改修事業は防衛庁補助率一〇〇％で、二〇〇五年に完成している。二〇一五年十二月、筆者は澄夫氏と一緒に施設を見てまわった。写真は澄夫氏の畑地に設置しているスプリンクラーである。こうして団兵衛の記録は、回り回って芦屋台地を潤し、農作物を育てているのだ。ほかにも、詳しくは述べなかったが、被害者組合が一九五三年に成立した「日本国に駐留するアメリカ合衆国軍隊の行為による特別損失の補償に関する法律」（特損法）の立案に貢献したことを忘れてはならないだろう。

団兵衛は被害者組合の結成当初から資料係として尽力している。被害補償の申請書や補償金の配分表など多くの書類を作成しているようだ。団兵衛を一躍有名にしたのは、戦前からつけていた記録の数々であった。団兵衛が作成した『農業作物別耕作明細表』は被害補償額算定の根拠となり、当時の農林大臣であった広川弘禅から「世界一」と絶賛された。戦前の記録類が住民を救ったのである。戦後もまた被害補償関係の書類を作成し、会合の

スプリンクラーにより、ほうれん草の畑に水がかかる様子（2015年12月26日筆者撮影）

記録をとり続け、後世に残した。

さらに団兵衛は被害者組合の幹部として、頻繁に東京へ行っている。被害者組合は一九五二年から六〇年までの八年間で二十六回上京している。そのうち、団兵衛は安高岩雄二十五回、辻守荘二十一回に次ぐ二十回であった。あとはすべて一ケタの回数なので、三人が突出して多い。中央官庁との交渉や政治家に対する働きかけなど、彼ら三人の力はめざましかった。ほかにも団兵衛は地元の会合などによく出席しており、文字通り走り回っていた。

あと二つの被害補償

団兵衛は同時期に、あと二つ芦屋飛行場の被害補償運動に関わっている。一つは酪農被害であった。この原因は防風林伐採ではなく、飛行機の爆音である。アメリカ空軍による飛行機の離着陸及び射爆場演習の爆音によって、牛の乳が減ったり、出なくなったことの補償であった。団兵衛は一九五九（昭和三十四）年九月、「芦屋飛行場地区酪農被害者組合」の副組合長に選任されている。

もう一つは、粟屋排水路の建設である。芦屋飛行場の造成により、粟屋地区に浸水被害が生じた。駐留軍は被害補償を認めなかったため、団兵衛は恒久的な対策を立て、国費を得て排水路を建設することにした。反対派は井戸の水質改善など別の用途に使ったほうがよいと主張したが、団兵衛は排水路の出口を自分の所有地に設定し、工事費の一部を負担するなどして建設を成し遂げた。こうして一九五九年四月、粟屋排水路は完成した。

現在、粟屋排水路の出口近くに、一つの石碑が立っている。この石碑は、一九六七年二月に排水路の完成を記念して、団兵衛自ら建立したものである。団兵衛が亡くなったのは、その一カ月後であった。

団兵衛が建てた粟屋排水路竣工の記念碑。右奥の繁みは排水路出口に当たる（2015年12月26日筆者撮影）

三つの被害補償に従事していた団兵衛。澄夫氏の証言によると、団兵衛はいつも大きな書類カバンを持って自転車で出かけていたという。農作業をしている姿は、あまり記憶にないとのことだった。そう聞くと、団兵衛はいつも被害補償に携わっていたように思ってしまうが、どうやらそれが生活のすべてではなかったようである。

「時間」を追いかけて

団兵衛は六〇歳前後に、相次いで和歌とカメラのクラブに加入している。和歌の資料で最も古いのは、一九五三（昭和二十八）年になるだろう。それから団兵衛は亡くなるまで、和歌のクラブに所属し、和歌を作り続けた。また団兵衛の履歴によると、一九五八年一月に「筑前芦屋水茎和歌会」の世話人になっている。

団兵衛が芦屋カメラ倶楽部の副会長に選ばれたのは一九六〇年であった。安高文書のなかに、撮影会の案内、カメラ雑誌、カメラの部品、カメラを題材にした和歌などを確認することができる。

千鶴子さんによると、先賢顕彰会やら、歌会やらで毎日外出するので、姑のリキノさんは家の仕事をしないでどうして出て行くのかと問い詰めていたという。とにかく、団兵衛は地元のこと、町のことに熱心だった。自分より他人、内より外だった。団兵衛が亡くなって、十年たっても、二十年たっても、団兵衛さんにお世話になったと言う人が絶えなかった。いつまでも、みんなから感謝されていた。

父親の福蔵は一九五四年二月十日、七十九歳で亡くなった。母親のシゲは、一九六〇年九月五日、八十五歳でこの世を去った。この直後、団兵衛の身体に異変が生じている。同年十月、芦屋町役場の健康診断で肺に異常が見つかった。このあと団兵衛は服薬を続けているが、やがて注射もするようになる。そして一九六六年七月八日、九州大学医学部附属病院に入院することになった。症状は回復しないまま、翌一九六七年三月十九日、団兵衛は息をひきとった。

当時高校生だった吉明氏によると、父親の藤吉から肺癌と聞かされていたという。おそらく、団兵衛は最後まで病名を知らなかったのではないだろうか。筆者が日記をいくら見ても、病名がまったく出てこないのである。また医者は病名がよくわからないという言い方を繰り返している。まだ本人に癌の告知をしていなかったころであった。

以前、団兵衛は七十歳まで生きるとしたら、あと何分、あと何日と計算していたことを紹介した。まるで予言していたかのように、団兵衛は七十歳でこの世を去った。限りある時間と競争しながら。最後まで日記をつけながら。戦前の規律正しくタフなイメージからいうと、やや短い命だったと思うのは筆者だけだろうか。

現在、日本は長寿大国となり、男女とも長い生を全うするようになっている。一秒、一分、一時間……と時が刻んでいく、我々はそうした「時間」の観念から逃れることはできない。デジタル化した「時間」のなかで生きる現代ではなおさらであろう。団兵衛はデジタル化した「時間」を意識して生きた先駆者であった。そうした「時間」のなかで、団兵衛はいかに生きるかを我々に問いかけているような気がしてならない。

あとがき

まさか私が「安高団兵衛」について書くことになるとは思ってもいなかった。まして本のかたちになるとは、まったく想像すらしなかった。よくよくふりかえってみれば、あれよあれよと偶然が重なって、気づいたら本になりましたというほかない。

私は一九九六年四月、『福岡県史』を編纂する福岡県地域史研究所に勤務することになった。安高文書は地域史研究所が調査したことをきっかけに、当所（福岡市中央区）ですべてを預かり、整理を行うことになった。私もその整理に参加していた一人だったが、勤務後は管理を担当することになったのである。一つひとつの史料をカードに採録しつつ、木箱などに収納されていた史料群を、長期保存のために中性紙の箱や袋に詰め替える作業を行った。今でも手書きのカードや箱・袋を見るたびに、あのころを思い出さずにはいられない。

安高文書は、ほぼ一個人の史料としては、相当数の文書である。現在詰めの作業は残っているものの、ほぼ整理は完了し、文書目録が作成されている。今回の執筆はこの文書目録を大いに使って仕上げた。史料の整理、目録の作成など関わったすべての人に感謝したいと思う。

そうした作業中、地域史研究所は二〇〇七年一月に福岡県史編纂二十五年を記念して、当所の所蔵史料をもとに史料展を開催した。安高文書も展示することになったので、私はめぼしい史料をいくらか選択し、キャプションをつけるなどして準備を整えた。史料展は八日間という短い期間だったが、予想を超える人数が来場して盛況だった。安高文書の展示コーナーでは、団兵衛の私家版『私の日常信条とし実行しつ、ある事の一部』を見て、「読んでみたいのですが、どこにありますか」という問い合わせが数人あったと聞いている。

史料展が終わって一息ついていたところ、雑誌『西日本文化』の編集長である深野治氏より、「団兵衛について、いくつか書いてみませんか」というお誘いをいただいた。安高文書の管理を担当し、史料の展示も行ったが、それ以上のことはまったく考えていなかったので、正直言ってちょっと躊躇した。しかし、団兵衛は面白い人物だし、何と言っても史料は膨大にあるので、数回程度なら何とかなるだろうと考えて引き受けることにした。そして、その年の八月から「安高団兵衛物語」というタイトルで、『西日本文化』に連載することになったのである。

こうして、団兵衛について雑誌に掲載するために史料を選択しながら筆を進めたのだが、今度は数回で止まらなくなった。何と言っても、〈記録魔〉団兵衛の記録である。団兵衛の記録から、生活、農業、そして地域のことなど次々に新しい事実が出てくる。史料を読みながら書き、他の史料にもあたって確かめたりする。著名な国会議員の名前も記されている。そうこうしているうちに、連載は十九回を数え、二〇一二年まで続いてしまった。数回で終了の予定だったのに、まだまだ十分ではないと考えている自分がいるのに驚いている。

さて、連載を開始して数回過ぎていたころだったと思うので、二〇〇八年になったばかりではないだろうか。弦書房の野村亮氏よりお会いしたいという連絡が入った。私の研究室まで来ていただいたところ、野村氏がおっしゃるには、「団兵衛その人が大変興味深い、たくさん書いて本にしませんか」というご提案だった。私の文章を読んでいただいたばかりではなく、書き溜めて一冊にしてくださいとずばりご指摘していただいたことに驚くとともに、大いに勇気づけられた。それから八年あまり、私は野村氏より定期的に打診され、度々話をしながら、本にすることを熱心に勧めていただいた。そうした押しがなかったら、本書は完成していなかっただろう。本書はタイトルや構成をはじめ、野村氏とともに作り上げたといってよい。

本書の内容はさておき、ようやく出版する運びになり、ご期待に添うことができてほっとしている。私にとって、本書が初めての単著である。本書を出版するにあたって、すべての方々に厚くお礼を申し上げる。

安高家の皆様に心よりお礼を申し上げたい。団兵衛の貴重な史料を大切に保管し、後世に残していただいたこと、私がそれを使わせていただいたことに敬意を表したい。とくに安高千鶴子氏、そして吉明氏と澄夫氏は、インタビューの申し出や問い合わせに快く応じていただいた。また安高家の貴重な家族アルバムをお貸しいただき、本書に使わせていただいた。安高家のご協力がなければ、本書は成り立たなかったと言える。安高家の家族アルバム及び安高文書の撮影は、徳田博氏にご協力いただいた。感謝申し上げる。

安高文書は地域史研究所に寄託されていたが、現在は九州歴史資料館に移管されている。地域史研究所では研究員及び事務局員、九州歴史資料館では県史史料閲覧室の方々に大変お世話になった。なかでも久恒真由美氏、草野真樹氏のお二人には、いろいろご助力をいただいた。記して感謝の意を表する。

本書は私家版と安高文書を使用して、団兵衛の〈記録魔〉ぶりを明らかにすることに努めた。その途中で、もう少し立ち止まって調べたり、考えたりしたほうがよいと思ったことも多い。私は団兵衛の生涯を通して描くことに徹したため、やや概説的な記述で終わっている箇所もある。本書をきっかけに、安高文書に興味をもち、新たな地平を切り開いてくれる研究が出てくることを願ってやまない。

本書の刊行は、二〇一五年度筑紫女学園大学・短期大学部学術出版助成費による。記して感謝したい。

二〇一六年一月

時里奉明

【主要参考文献】

『入営兵準備教育講義録』第一号―第五号、「内容見本附規則」（国民軍事教育会、一九一五―一六年）
飯田豊二編『続感激実話全集　第二巻　義人烈士の面影』（金星堂、一九三六年）
猪俣浩三・木村禧八郎・清水幾太郎『基地日本』（和光社、一九五三年）
ふるさと人物記刊行会編『ふるさと人物記』（夕刊フクニチ新聞社、一九五六年）
「追想の広川弘禅」刊行委員会『追想の広川弘禅』（「追想の広川弘禅」刊行委員会、一九六八年）
文部省編『学制百年史』（帝国地方行政学会、一九七二年）
浅川博臣『土から生れた大臣――中村寅太物語』（永田書房、一九七六年）
大江志乃夫『徴兵制』（岩波書店、一九八一年）
角山栄『時計の社会史』（中央公論社、一九八四年）
北九州市史編さん委員会『北九州市史　近代・現代　行政社会』一九八七年
岡垣町史編纂委員会『岡垣町史』一九八八年
伊藤隆監修・百瀬孝著『事典昭和戦前期の日本――制度と実態』（吉川弘文館、一九九〇年）
「角川日本地名大辞典」編纂委員会『角川日本地名大辞典40福岡県』（角川書店、一九九一年）
芦屋町誌編集委員会『増補改訂芦屋町誌』一九九一年
百瀬孝『事典昭和戦後期の日本――占領と改革』（吉川弘文館、一九九五年）
加藤陽子『徴兵制と近代日本』（吉川弘文館、一九九六年）
中村靖彦『日記が語る日本の農村』（中央公論社、一九九六年）
三原朝雄『わが激動の八十八年（私家版）』（三原朝雄先生顕彰会、一九九六年）
原田敬一『国民軍の神話』（吉川弘文館、二〇〇一年）
吉田裕『日本の軍隊』（岩波書店、二〇〇二年）
暉峻衆三『日本の農業一五〇年――一八五〇―二〇〇〇年』（有斐閣、二〇〇三年）
一ノ瀬俊也『明治・大正・昭和　軍隊マニュアル』（光文社、二〇〇四年）
堀幸雄『最新右翼辞典』（柏書房、二〇〇六年）
一ノ瀬俊也『皇軍兵士の日常生活』（講談社、二〇〇〇

九年）
藤井忠俊『在郷軍人会』（岩波書店、二〇〇九年）
藤田昌雄『写真で見る日本陸軍兵営の生活』（光人社、二〇一一年）
中村吉三郎「昭和法制史稿——昭和十三年『国家総動員法』の制定まで」（『早稲田法学』第四七巻第二号、一九七二年）
石川捷治「第一回北九州防空演習（一九三一年七月）地域における戦争準備体制形成史ノート」（『法政研究』第五五巻第二—四号、一九八九年）
有馬学「安高団兵衛文書の概略について」（『県史だより』第七〇号、西日本文化協会、一九九三年）
秀村選三「水巻町・芦屋町調査の概要」（『県史だより』第七〇号、西日本文化協会、一九九三年）
安高澄夫「資料は活きる 『あす』に活かされる『きのう』の生き方」（『県史だより』第一一四号、西日本文化協会、二〇〇一年）
武藤軍一郎「明治期以降、都市近郊農家における野菜作の展開過程——福岡県遠賀郡芦屋町粟屋、安高文書を中心に」（『福岡県地域史研究』第一九号、二〇〇一年）
時里奉明「安高団兵衛物語（一）～（十九）」（『西日本文化』二〇〇七—一二年
「片江儀六自叙伝 二十世紀佐賀平野農民の記録」（『西日本文化』二〇〇九年—一一年）
時里奉明「時間と競争した農民の話——安高団兵衛物語」（『崗』第三八号、芦屋町郷土史研究会、二〇一二年）
安高団兵衛『私の日常信条とし実行しつ、ある事の一部（私家版）』一九六七年（九州歴史資料館所蔵）
安高文書（A2, A3, A4, A5, C20, D36-2, F320, L12, L26, N21, O1, O2, O3, R97, T53, T92, T93, T94, T109, T110, T114, T115, Y30）（九州歴史資料館所蔵）
家族アルバム類（安高吉明氏所蔵）
『大阪朝日新聞』、『大阪毎日新聞』、『沖縄毎日新聞』、『九州日報』、『福岡日日新聞』（以上、戦前）、『朝日新聞』、『西日本新聞』、『毎日新聞』、『夕刊フクニチ』
『主婦之友』、『大日本報徳』、『農業世界』、『福岡県農会報』、『富民』（以上、戦前）、『ふくおか』

著者略歴

時里奉明（ときさと・のりあき）

一九六三年福岡県生まれ。九州大学大学院博士課程満期退学。現在、筑紫女学園大学教授。専門は日本近代史。

戦前の八幡製鉄所（労働者、福利厚生）に関する論稿多数。地域史や近代化遺産も関心がある。

主な著作は、北九州地域史研究会編『北九州の近代化遺産』（弦書房、二〇〇六年）、「官営八幡製鉄所創立期の住宅政策」（『経営史学』二〇一一年）など。

安高団兵衛《あたかだんべえ》の記録簿《きろくぼ》
——「時間」と競争したある農民の一生

二〇一六年三月十五日発行

著　者　時里奉明
発行者　小野静男
発行所　株式会社　弦書房
〒810-0041
福岡市中央区大名二―二―四三
ＥＬＫ大名ビル三〇一
電　話　〇九二・七二六・九八八五
ＦＡＸ　〇九二・七二六・九八八六

印刷・製本　シナノ書籍印刷株式会社

ISBN978-4-86329-132-4 C0021

◆弦書房の本

ある村の幕末・明治
「長野内匠日記」でたどる75年

長野浩典　文明の風は娑婆を滅ぼす——村の現実を克明に記した膨大な日記から見えてくる《近代》の意味。幕末期から明治初期へ時代が大きく変転していく中で、小さな村の人々は西洋からの「近代化」の波をどのように受けとめたか。〈A5判・320頁〉2400円

日露戦争時代のある医学徒の日記
小野寺直助が見た明治

小野寺龍太　九州帝国大学が設置（明治四四年＝一九一一）された頃、一〇〇年前の近代日本の風俗、食文化、自然、祭、さらに医学研究や戦争観など庶民の目から見た社会の様子が、若き日本の息吹とともに伝わってくる。〈四六判・248頁〉2100円

鮎川義介
日産コンツェルンを作った男

堀雅昭　鮎川義介は満洲建国後、岸信介、松岡洋右、東条英機、星野直樹らとともに「二キ三スケ」と呼ばれ、満洲政財界を統括した実力者のひとり。戦前、戦中、戦後までの全生涯を描く。戦後経済成長を支えた実業界の巨魁の生涯。〈四六判・336頁〉2200円

山本作兵衛と日本の近代

有馬学／マイケル・ピアソン／福本寛／田中直樹／菊畑茂久馬　日本初のユネスコ「世界記憶遺産」に登録された《山本作兵衛コレクション》はなぜ評価されたのか、何が描かれているのか。あらためてその価値と魅力の原点に迫る。〈四六判・192頁〉1800円

占領下の新聞
別府からみた戦後ニッポン

白土康代　温泉観光都市として知られる別府（大分県）で、占領下期の昭和21年3月から24年10月までにGHQの検閲を受け発行された52種類の新聞がプランゲ文庫から甦る。様々な世相を報じる紙面から当時のニッポンを読み解く。〈A5判・230頁〉2100円

【第27回地方出版文化功労賞 奨励賞】

伊藤野枝と代準介《だいじゅんすけ》

矢野寛治　新資料「牟田乃落穂」から甦る伊藤野枝と育ての親・代準介の実像。同時代を生きた大杉栄、辻潤、頭山満らの素顔にも迫る。大杉栄、伊藤野枝研究者必読の書。〈A5判・250頁〉【2刷】2100円

昭和の仕事

澤宮優　担ぎ屋、唄い屋、三助、隠坊、木地師、ねこぼくや、香具師、門付け、カンジンどん、まっぽしさん……忘れられた仕事一四〇種の言い分。そこから見えてくるほんとうの豊かさと貧しさ、労働の意味と価値。〈A5判・192頁〉1900円

【第35回熊日出版文化賞】

昭和の貌 《あの頃》を撮る

麦島勝【写真】／前山光則【文】　「あの頃」の記憶を記録した335点の写真は語る。戦後復興期から高度経済成長期の中で、確かにあったあの顔、あの風景、あの心。昭和二〇～三〇年代を活写した写真群の中に平成が失った〈何か〉がある。〈A5判・280頁〉2200円

北九州の近代化遺産

北九州地域史研究会編　日本の近代化遺産の密集地・北九州市を門司・小倉・若松・八幡・戸畑の5地域に分けて紹介。八幡製鉄所、門司のレトロ地区、関門の砲台群など産業・軍事・商業・生活遺産60カ所を案内する。〈A5判・272頁〉【3刷】2200円

福岡の近代化遺産

九州産業考古学会編　福岡都市圏部（福岡市内、筑紫・粕屋・宗像・朝倉地域）に存在する57の近代化遺産の歴史的価値と見所をカラー写真と文で紹介。巻頭に各地域の遺産所在地図、巻末に330の福岡の近代化遺産一覧表を付す。〈A5判・210頁〉【2刷】2000円

＊表示価格は税別